创新与创业文化

Innovation and Entrepreneurship Culture

林垂宙　著

清华大学出版社

北京

内 容 简 介

持续的创新和成功的创业，必须以深厚的文化内涵为基础。这和中华经典文化中的尊重、信任、公义、和谐、奉献社会和追求卓越的理念和实践一脉相承。老子主张崇尚自然，孔子宣扬遵守社会秩序，两者成为创新创业的最佳文化指南。本书以二十余个科技组织成功或失败的实例，说明这些理念在确立商业模式、激励人才团队、判断行动时机、优化企业管理、谋求持续发展等方面都具有深远的影响。本书以现代语言阐述和引证传统文化在创新创业方面的影响，可以作为所有致力于创新创业人士的参考。

图书在版编目（CIP）数据

创新与创业文化 / 林垂宙著 . —北京：清华大学出版社，2022.10（2023.11重印）
ISBN 978-7-302-61804-1

Ⅰ.①创… Ⅱ.①林… Ⅲ.①创业—研究 Ⅳ.① F241.4

中国版本图书馆 CIP 数据核字 (2022) 第 173970 号

责任编辑：陆浥晨
封面设计：韦永琪
版式设计：方加青
责任校对：王荣静
责任印制：丛怀宇

出版发行：清华大学出版社
    网　　　址：http://www.tup.com.cn，http://www.wqbook.com
    地　　　址：北京清华大学学研大厦 A 座　　　**邮　　编：**100084
    社 总 机：010-83470000　　　**邮　　购：**010-62786544
    投稿与读者服务：010-62776969，c-service@tup.tsinghua.edu.cn
    质 量 反 馈：010-62772015，zhiliang@tup.tsinghua.edu.cn
印 装 者：三河市东方印刷有限公司
经　　销：全国新华书店
开　　本：170mm×230mm　　　**印　　张：**13　　　**字　　数：**180 千字
版　　次：2022 年 10 月第 1 版　　　**印　　次：**2023 年 11 月第 2 次印刷
定　　价：69.00 元

产品编号：097828-01

前 言
创新和创业文化的反思 | PREFACE

一、世纪性的悲剧序幕

2001 年 9 月 11 日纽约世界贸易中心发生的悲剧，是 21 世纪国际恐怖主义抬头和新国际竞赛的序幕。国际上的政治、社会、经济、文化、种族、宗教等各方面因素的交叉影响，使国际间的科技实力和知识经济角逐更显激烈。发展科学、技术创新和创业的呼声，响遍世界的各个角落。从西欧到北美，从东亚到南非，许多想有所作为的国家或地区都以推动创新创业为要务。

实际上，技术创新是 300 多年来社会经济发展的主要动力。而我们现阶段所面临的，更是它超凡的速度和动能。从过去 30 年全球经济发展的轨迹来看，技术创新可以迅速地产业化，所产生的经济力量为工业经济之十倍、百倍。21 世纪，社会已经进入经济学家熊彼特（Joseph Schumpeter）所提出的第五波创新及第六波创新。现在创新的发展不再顺延市场经济演变的常规，知识成为主宰经济变迁的主要动力，开创了庞大的市场，带来了崭新的机遇。创业家凭借锐敏观察与迅速行动，成为经济社会的领导力量。

知识经济社会的健康发展，除了科技知识之外，其实有它的灵魂为支撑，那就是创新创业文化。一个失去文化支撑的经济社会，如果只靠新知识的推动，最终结果往往是事倍功半或者功败垂成，甚至得到负面结果。因为在资本社会运作常态中，政府常居庙堂之高，大学不食世间烟火，研究界如闲云野鹤，企业界逐一时之利。彼此唯我独尊，各有各自的步调。科技经济发展的结果，增加了人类的财富，改善了民众的生活，亦暴露了人性的自私和贪婪。创业家之所以能崛起，大部分因为它有进取精神和包容的文化，但是如果不能遵守道德规范、恪尽社会责任，大部分亦将如昙花一现。

二、美国创新文化之转折

20世纪初期，美国具有旺盛的创新力，从照明、发电、汽车、飞机、化工、机械、土木、建筑、电子、计算机，乃至信息和数据等，各类科技创新和产业蓬勃发展，成为世界知识经济的龙头。这些产业界的成就推动了美国国力的增长。美国政府的若干领导阶层逐渐变得傲慢无知，不知祸近眉睫。"9·11"事件祸从天降，突发于美国的中央情报局、联邦调查局、联邦航空管理局、国家安全局及空防系统组成的铺天盖地的网络之外，美国的领导阶层一时张皇失措、无所适从，唯有转移目标，诉诸民粹，发动反恐战争。

孟子有言："行有不得，反求诸己。"任何人失去检讨反省的能力，自然只能舍本求末，寻找表面或暂时的解决方案。导致"9·11"灾难的肇因在美国本土而非波斯湾。孔子云："好学近乎知，力行近乎仁，知耻近乎勇。"50年来美国若干领导人缺乏力行知耻的功夫，忽略了客观反思的能力。美国政府近年来的很多外交政策，造成了全球安定及永续发展的危机。

我认为学养、才能、法律、信义、良知是领导者必备的素质，可以用于企业，也可以用于政府。任何与人有关的组织，不论是政府还是企业，如果缺乏高尚的道德伦理为支撑，即使一时取得成功，也无法长久。本书将通过通用电气、通用汽车、大众汽车、波音航空、日法汽车联盟等案例，揭示创新创业文化与企业发展及人类社会的关联。

三、中国创新文化之复兴

中国文化的博大精深，是孕育创新的肥沃土壤。20 世纪 40 年代英国剑桥大学李约瑟（Joseph Needham）团队梳理中国科技文明历史发展，对中国在基础科学、工程技术、水利灌溉、农业及医疗等创新应用上的辉煌成就远早于 16 世纪的欧洲赞叹不已。然而明清之后，由于政治与社会经济等多重原因，中国的创新发展多有断层。直到改革开放，中国政府确定科技为第一生产力，建设创新大国。近 10 年来更以实现中华民族伟大复兴的为全国努力的目标，各级政府纷纷制定政策、采取措施。各种创新创业孵化器、加速器，以及科学园、创新园、产业园等如雨后春笋在全国各地成立。

以深圳为例，这一区域原为一个落后的边陲农业县，1980 年成立经济特区以后，它的经济快速增长。1997 年香港回归祖国，深圳因地缘关系，取得更多发展优势。2000 年后因"十五""十一五""十二五""十三五"规划的驱动，深圳的创新创业奋发，经济发展迅速。现在，国内主要大学均在深圳设立产业园，公立、私立孵化器林立，青年创客遍地开花，腾讯、华为、大疆、平安等企业已经扬名世界。深圳的成就可以说是政府奠立创新机制及环境条件、创业家主动实行的结果。深圳的创新创业成就成为中国经济发展之奇迹。

从发展历程来看，和深圳相似，新竹也是一个典范。二战结束时，新竹电力设备残旧、交通不畅、基础脆弱，可谓满目疮痍。后经过 40 年的人才培育和科教建设，新竹成为财团法人工业技术研究院、"清华大学"（新竹）、交通大学、食品工业研究所、新竹科学技术工业园区等人才汇集、科技发展的所在，逐渐成为创知、创新、创业的标杆。到 20 世纪 90 年代末，在电子、计算机、材料应用、精密机械以及光电生化等方面，新竹已成世界闻名的创新中心。台积电（TSMC）、联华电子（UMC）、联发科技（MTK）及晶元光电等多家企业在此背景下诞生并茁壮成长。现在，世界工业产品所需的纳米级晶圆，几乎过半数靠新竹的科技企业供应。新竹获得世界性的重要科技创新地位，实非始料所及。

四、创新创业文化的重要性

经济的发展也带给人类若干隐患。制造业的极度发展导致工业灾害的发生和地球生态的失衡。在知识经济社会中，财富分配缺乏公平完善的制度，使贫富鸿沟加深，社会阶层间的对立更加尖锐。职业知识与技能要求的提升致使中下层失业率高企，民生困难未得纾解，青年人向上层移动的正常机会缺乏。这些随经济发展而来的负面情形构成了社会永续发展的威胁。无怪乎一些年轻人对前途感到迷茫，精神焦虑、沮丧，对社会现状潜伏着极大的挑战冲动。这是一个全球性现象。

一个健全的社会，应使青年人具有憧憬、充满希望、受到尊重。美国加州硅谷在二战后因为社会安定、族群和谐，政府致力于基础建设，提供各级教育机会和良好的创业环境，所以青年人的好奇心和创造力能够有机会发挥。在这里产生的全球著名的创业家如比尔·盖茨、史蒂夫·乔布斯、扎克伯格、拉里·佩奇和谢尔盖·布林等，并无豪门世家的庇荫，亦无院士、教授之类的身份"加持"。他们在"扬名立万"之时，有人甚至大学都未毕业。古话说，将相本无种，男儿当自强。在中国当代社会中，年轻人不论男女、不分种族，只要立志气、重信义、肯学习、有创意、知合作、富毅力，每一个人都有机会成为成功的创业家。具有这种精神品格的创业家不只能为个人创造辉煌前景，亦能为民众提供优良的就业机会。这样的社会，才真正具有和睦的远景。

五、创新创业的挑战

在过去的 30 年中，我有幸结识了许多青年创业者。这一群朋友中，成功的不少，但没成功的更多。许多成功的创业者已著书立说，或有他人写传奇、记逸事，不成功的大多保持沉默。他们不同的境遇，实在很具启发性，让人感触良深。

一些创业者在科研中略有所得，便急着从实验室跑向市场，有的在公司成立伊始便知难而退；有的在公司营业后，领略到创业者的自由度甚大但安全度极小，一两年内便关门大吉；有的硬撑了五六年，最后资金"烧"尽，无以为继；有的苦撑了十多年光景，然而基础未固，仍在风雨飘摇中，其后或因董事意见分歧，或因市场逆流横袭，最终鞠躬下台，黯然出局。

这些创业者的遭遇有许多相似的成因，可以概述如下。

- 技术层面：所期待的技术利基优势或核心能力未能呈现，产品或服务品质未达市场高端要求并领先市场发展。
- 市场层面：营业模式未能使顾客持续满意，营业计划的阶段性指标未能达成而又不能改善。
- 人力层面：团队能力有欠缺（未能知才，或知而不用，或用而不专）。
- 财务层面：未能平衡产销收益、管理支出及研发投入等。
- 经营层面：未能掌握关键时刻，以致出场太早或太晚；追求一时风光，缺乏对社会公义的承诺。
- 策略层面：规划不周详，假设欠实际，调整不灵敏。
- 领导层面：公司远景不明晰，未能建立共识，塑造企业文化；未能汇聚团队信心，未能有效执行营业计划；对环境变化未做预防，疏于危机管理。

以上是常见的原因，它们相互影响。本书针对这些问题，提供一些从实践而得的知识，以供读者参考。每章都有理念的陈述，然后引证以实例。这些例证采自在国际上享有盛名的公司，行业涵盖电子、计算机、电信、电机、机械、化工、汽车、航空、食品、零组件、微电子、电子商务、社交网络、运动器材等。

六、东西方在创新与创业管理上的异同

本书第七章、第八章及第九章分别阐述了中华经典、现代西方企业管理的理念与应用。因为篇幅所限，只能提纲挈领地指出两者的精要。在中华经典中，我特别注重领导者的修德养性、以身作则、恕以待人、与人为善的哲理；在现代西方管理科学中，则推崇团队之组织，目标之形成，并讲求具体方法以利执行等思想。我认为两者实在有很多互补之处。例如马斯洛（Abraham Maslow）的需求层次理论，与孔子在2500年前的"君子喻于义，小人喻于利"的理念，就可以互相引证，有相得益彰之妙。孔子说的"苛政猛于虎""民无信不立"，是一种悲天悯人的情怀、诚恕处世的态度，亦是对今世创新创业者的良箴。

七、老子、孔子的思想对创新创业的启示

本书第七章对老子与创新的论述是较为大胆的尝试。孔子曾有评语："吾所见老子也，其犹龙乎？"我个人原来学习物理化学、化学工程、材料科学，从事工业制造40年，自诩对工业产品及产品服务不无一得之见，但说不出老子所说的规则——"有之以为利，无之以为用""天下万物生于有，有生于无"，即硬实力、软实力相互作用的结果。顿然发现昨日之我，实如坐井观天，令人汗颜。老子的这些理念，我认为是当前云计算及云产业创新的指引。

在20世纪半导体科技的发展中，英特尔公司创始人之一戈登•摩尔（Gordon Moore）所描绘的摩尔定律深为学者们所称道，认为可行于百年。我认为老子所提出的虚实软硬关系实在可称为"有无相对论"，在人类文明发展中已经得到2500年的验证。老子尊重知识，认为再重大的知识不外自然运作的规范，就是"道"。这和孔子所说的"天道"不谋而合，是人文物理所遵行的准则。《道德经》第二章说："天下皆知美之为美，斯恶已。皆知

善之为善，斯不善已。故有无相生，难易相成，长短相形，高下相倾，音声相和，前后相随。"这是自然包罗万象、生命涵盖多方的生机多元化最简单的表示。

《礼记》有言："大道之行也，天下为公，选贤与能，讲信修睦。"假如人们能领悟这些理念，在钻研科学技术、追求经济效益之外，对社会中不同性别、宗教、种族、职业等群体都能尊重和照顾，这世界就会是一个祥和友善的世界。

我因此有所感悟，喜不自胜，所以在书中更做引申。希望新一代青年们，能够对老子和孔子的知识多加浸润。这必然增加他们对创新创业文化内涵的体验，亦可使他们的创新创业更具胜算。

知识经济社会的知识创新，是在精要的科学技术及优越企业运营之外，加以人性关怀和文化尊重。这是永续创新及创业成功的不二法门！

香港浸会大学工商管理学院荣誉教授

林志军

2022 年 4 月

目 录

CONTENTS

创新与创业文化

第一章

创新与创业

两宗事情　一样情怀

科技研究、创新、创业三者之间的关系是什么？它们在科技成果商业化的过程中如何连接？知识造福人类，除商业化外有没有其他的途径？这些问题是第一章关注的课题。

一、经济文明发展的轨迹

人类文明的进步，从材料的使用来分析，可以看到旧石器时代、新石器时代、青铜器时代、铁器时代等的演变。这可从中东、中国等区域的历史考据得到佐证。

就中国来说，上古时代是中华文化的萌芽时期，可以通俗地称为"三皇五帝"时代（公元前9684—前2015年），因为缺乏文字的佐证，很多都是传说。

"三皇"与其说是三个人，不如说是代表三个经济文明发展的阶段。一般来说，三皇是指燧人氏、伏羲氏、神农氏。相传燧人氏发明钻木取火，使民能熟食保暖，厚利民生；伏羲氏创造八卦、结绳造字，提供了人与人沟通及知识传承的媒介；神农氏教民耕作，因有经济发展，人民可以生生不息，而成天下共主。

"五帝"随后而启，也有不同的传说。一说是黄帝、颛顼、帝喾、尧帝、舜帝。农业经济形态在此时已经确立。

　　《大学》中对我国古代农业经济社会的政经方略有很扼要的说明："是故君子先慎乎德。有德此有人，有人此有土，有土此有财，有财此有用。"这是说领导人要勤修德行，使自己能得到人民的拥护。有了人民，就可领有土地，开发物料；有了物料，就可产生财富；有了财富，就可支撑各种应用。这不只是经济发展的指南，也是政治领导的根本。

　　农业经济产生后的数千年里，人类的生产活动一直是以人的劳动力为主的。随着蒸汽机的发明，从西方开始，人类慢慢进入工业经济的社会形态。因为蒸汽机及其后电动机的支撑，许多机器如纺织机、锻造机、耕作工具、材料处理的机器等陆续面世，可以弥补劳动力的不足或直接取代劳动力，提高了生产率，产生了工业革命。到了工业经济时代，因为装置各类机器设备需要资金，在生产机制中机器和人力的调配需要管理等，所以工业经济中的生产要素除了人、各种作为劳动对象的物资、比古代农业经济阶段复杂得多的机器，还应当有资金和管理。按照一些经济理论的观点，它的运作动力是财力（资金）。

　　到了知识经济时代，生产要素的外延更加扩展，纳入了科技知识、技术创新及创业精神。这三者结合可有力促使经济成长，这就是脑力当家的时代。在以上提及的三种经济形态中，都可看到技术对经济的重大促进作用。

　　如前所说，在农业经济社会，在土地上耕种主要是靠劳力；到工业经济的时代，需要的是财力；到知识经济的时代，则更需要脑力。从劳力到财力再到脑力，这就是经济形态发展中驱动力改变的过程。

　　三种经济形态中，竞争的规范也大不相同。在农业经济社会，自然资源是有限的，竞争是一种零和游戏（zero-sum game）。就是说，在面对面的竞争中，我赢了，你就输了；你多了，我就少了。例如农业村落间为了争取水源常常发生纠纷，尤其是水资源匮乏的地方，因为水道的流向等问题，一个村子跟另外一个村子会争个你死我活。在这种零和游戏中，竞争者关心的是当前的赢输和一时的利益，忽略了整体资源在慢慢减少。所以经济学家们时常考虑天然资源的储存量，如石油、煤炭、矿物、天然气等，以此作为国家博弈的手段。在工业经济时代中，我们可以赢一些，也可以输一些，可以把在这个领域中输掉的从另外一个领域中赢回来。输赢有时候是两面性的，有时候是有时间性的，有时和投入的大小有关。如果工厂生产线规模变大，单位的生产成本就变小，竞争力就提高，这就是规模经济（economy of scale）的意义。在知识经济时代讲求的是如何使竞争者达成双赢甚至多赢，共同创造价值，开放分享。知识越被使用，价值越高；知识越共享，越能创造机会。人类思想越解放，胸襟越开阔。

所以我们必须要了解不同经济形态的运行思路和做法。[1][2]

二、技术创新在经济发展中的角色

技术在整个经济发展中扮演着重要的角色。比如农业经济中的粮食生产，首先是选种、耕种、施肥、灌溉、除草与收存，然后是生产处理、加工，以及贩卖交易，直至烹饪食用，整个过程都可以看到技术的效用。在工业社会里，技术贡献的方式就更多了，大凡产品设计、材料制造、品质管理、供应链管理等都涉及技术的应用。从工业2.0到工业3.0就是因为技术推进而升级的。知识经济社会最重要的特点是互联网的应用。怎么样让互联网的概念、方法、手段发挥尽致，怎么样把人工智能技术这些新的技术带进各种程序中，这些都是知识经济发展的重要课题[3]。

技术带来的改变不只发生在制造过程中，亦在销售过程中。我们可以用一个简单的例子来说明商业化所引起的文化和价值观的变迁。在农业社会，一个人种果子，卖给另外一个人，这是简单的人际关系，前者是生产者，后者是消费者。等到生产的东西多了，选择多了，消费者需求变得比较复杂了，中间必须有供应者的参与，就产生了供应链。现在我们住在城市里，到各类市场去购物，货物来自成百上千的供应商，所涉及的品质和价格主要取决于供应链的效率，而它受到技术及环境的密切影响。所以技术的进步有时会带来复杂性和困扰，这从大宗货物销售的便与不便可以略知端倪。

三、科学知识和技术创新的差异

人类致力于发现和总结自然规律，从事基础研究以发现科学知识。科学知识是超越时空的，具有基础性和通用性的特点。知识的形式包括：概念、现象、事物、理论和方法。如太阳从东边升起，西边下落，这在世界范畴内都适用；又如 $2+3=5$，在美国是这个结果，在中国也是这样的。一般来说，基础研究的成果是可公开的。

在农业经济、工业经济中使用的技术，有许多是前人积累的经验，历经岁月的验证，能够在相应情况下体现经济价值。也有许多是若干技术创新的成果。技术创新是人类通过应用研究，在科学知识的基础上，加以延伸开发，以产生某种特殊产品或制程，而呈现经济价值。应用研究与基础研究不同，具有时间性和空间性。在一个时代、一个地区被看重的技术，在另外一个时空可能没什么价值。例如通信发展中的 2G 和 5G 技术，交通发展中的马车和汽车，在不同时间、不同地区，所呈现的价值天差地别。

四、世纪性的三场科学知识革命

在 20 世纪中叶，世界上有很多基础研究，产生了革命性的成果，亦可称为突破。最重要的有三个方面[4]：一是对物质的了解，二是对生命的了解，三是对心智的了解。具体如图 1-1 所示。

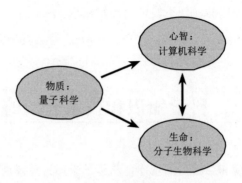

图 1-1　20 世纪主要的科学突破

在物质研究方面的突破是量子革命，就是量子科学的兴起。它令人类对物质的了解上升到一个新的层次。当物质缩到原子的尺度，它具有粒子和光波两种性质。从粒子角度来说，我们可以引用牛顿的物理定律来描述它；但因它有光波的性质，所以又需要波动力学。粒子是确定的，光波是变动的，这就是物质的确定性和不确定性的双重性质[5]。举例来说，在宏观世界里一个物体从空中掉下来，因为它的位置和质量可以确定，它掉到地上的时候的速度或动能自然可以计算。但在微观世界里，如果物质小到一定程度，它的波动属性将逐渐凸显，而具有不确定性：你要确定它的位置，就不能确定它的动能；反之亦然。这些微观的概念对 20 世纪的科学有非常重大的影响，在物理、化学方面更有深远的意义。

在生命科学方面的突破就是分子生物学的兴起，确定了遗传物质 DNA 双螺旋结构。DNA 双螺旋结构需要靠 4 种碱基两两配对来维持。它们可以分开，又可以结合起来。分开之后，每一个单螺旋可以在对应的酶的协助下由核酸单体依样重建，单螺旋又变成双螺旋[6]。这个程序不断地推进，由一而二、而四、而八，生生不绝，这就是遗传物质再生的规则。DNA 双螺旋结构的发现改变了人类对生命的认知。2003 年人类基因组计划完成，人类对身体上所有基因的结构已有全盘的掌握。这使健康医疗发生了重大的改变[7]。人类已经可以在一定程度上鉴定某些基因跟某些疾病的某些关系。通过基因靶标的研究，人类在将来疾病发生时可以得到更快更好的治疗。婴儿出生之后，只要取得血液试样，就可以分析其中基因组，估测有没有某种已知疾病基因存在。家长可以未雨绸缪，为孩子在生活及疾病预防上做准备。当然基因检测有好处，也有坏处。坏处就是个人的隐私可能被公开或选择性公开，这种资料落到非法机构手里将影响个人权益。所以基因检测的使用范围不是没有争议的。但毋庸置疑的是，在人类基因组的知识上进行检测，对于人类的医疗保健各方面都有很重要的影响，这亦是个性化医疗的基础[8]。

计算机科技的突破可以在心智方面给人类很大帮助。个人计算机及智能手机现在已广为使用，成为生活中不可或缺的工具。一部 iPhone 手机的计算能力大约和 30 年前的超级计算机相当。每一个拥有智能手机的人都像拥有一个巨无霸精灵作为近身护卫，它可在信息处理、知识查询等方面随时随地进行服务。

这三场重要的革命互相交叉、互相作用，促成了 20 世纪后期的技术创新，包括集成电路、云计算、大数据分析、人工智能和分子医学等。今天世界各国不同的科技创新和创业，归根到底都是这三场科学革命所带来的。这很符合经济学家熊彼特所说的创新浪潮的显示[9]。

在讲求科学和技术商业化的时候，我们需要先考虑几个策略性的问题。一是商业化的目标在哪儿？如果和个人的愿景有关，那你个人的愿景是什么？二是你的产品有没有竞争力？你的竞争优势在哪里？要了解高新技术产业的竞争力时常因外在环境的改变而迅速变化。三是风险的掌握，这里最重要的是时机的问题，市场开发是否已经成熟？如何降低风险？

回想我于 1979 年在"清华大学"（新竹）任工学院院长，当时的一个任务是研发电动车。这是兼顾绿色能源和环保方面的先驱。台湾岛内的自然资源短缺，石油全部依赖进口，每年的石油进口费用是重大的支出。但可用煤炭、水力和核能等进行发电。如果能用电动车取代燃油车,在能源供应及环境保护方面都有重大的价值。所以这个由"清华大学"(新竹)徐贤修、毛高文两位所提出的项目可以说有卓越的前瞻性[10]。但是现在回顾,40年前搞电动车,实在是太早了。不但电池技术远未成熟,而且难以全面评估,市场风险不可控。该项目开始时搞得轰轰烈烈,但很快就难以持续。所以有些项目看起来远景很好,但实际上执行的可行性不高,要考虑时机因素,还要考虑资金。资金烧完之后如何供应,必须要有方案,以免功亏一篑。

是不是任何好的技术都必须以商业化的方式去实现它的价值呢?答案是否定的。商业化只是科技发展终端的一个选项。从科技人员的立场来看,商业化只是一种服务社会的方式。新的科学技术,它的实现必须能对社会产生效益,能看得见结果,这是大前提。至于对个人的经济回报,这只是副产品。所以我不主张科技人员只为了个人的利益而进行科技商业化。这就是说,从事创新和创业的人必须要有高尚的理想和企业精神,而不能过多地考虑私人利益。如果一个人只是为私人利益而走上创业道路,时常会半途而废,因为商业化创业的道路是非常艰辛的,比做一份固定的工作难多了。真正的创业者必须有一个更高层次的理想作为其创业的内在驱动力。

创新,并不是现在这个时代才有的。人类文明的发展中,如前文所说的三个经济形态(农业经济、工业经济和知识经济)时期,都有丰富的创新机会。实际上在任何时候,这三个经济形态的要素同时存在,只是比例不同而已。没有一个国家或地区只有单一的经济形态。在20世纪中期,工业经济可能是主流,但在大部分区域一定有其他两种形态的经济活动同时存在。每一种经济形态在任何时候都可以提升它的价值和产出。所以我们应主要考虑这个技术的使用和产生的效果与个人的目标和愿景是否一致,它对人类社会是否有正面的贡献。下面我们来参考几个案例。

[案例一]　李冰父子与都江堰[11]

抗日战争时期，国民政府选择以四川为基地进行抗战，所以破坏四川的经济是日军的重要目标。他们知道四川经济主要靠农业，成都附近的水利灌溉系统很完善。日军推测当地应该有一座水库，因此起了念头，要去炸掉成都地区的大坝。他们多次派轰炸机飞到成都岷江附近，看到的确有很多农田，但就是找不到他们想象的水库大坝，终究无功而返。可见下命令去炸水库大坝的人并不知道都江堰是很特殊的，它的灌溉功能的实现与水库完全不同。

拥有两千多年历史的都江堰（图1-2）是秦昭王末年由李冰父子主建的。当时岷江夹带着泥沙汹涌而下，到了最低点的成都平原，江水骤然减速，泥沙沉积，河道淤塞，一有洪水就泛滥成灾，老百姓苦不堪言。蜀郡太守李冰携其子察访水情，在前人治理的基础上因地制宜、因势利导，在河道中用鱼嘴状的分水工程把岷江分成内江、外江两道水流。外江是原来的正流，配合下游的水渠，兼有泄洪与灌溉的功能。从鱼嘴分流出的内江，经凿开玉垒山而形成的宝瓶口，向下游开辟一些河渠进入成都平原，在灌溉的同时还能通航。在内江宝瓶口上游附近做飞沙堰，一方面可以使进入内江水道的沙石得以在此处的回流中被离心力"飞"甩出去，减缓内江的淤积；另一方面还可以在发洪水时使内江过多的水溢进外江，从而保证内江下游的成都平原灌溉区免于水患。内江的河底要比外江低，在岷江水量偏少时，会使更多的水进入内江，这样就可以保证成都平原的灌溉用水。这个方案非常新颖有效，成都平原在后世被称为天府之国就是得益于都江堰的灌溉之利。

李冰父子的技术创新是构筑一个鱼嘴分导水流，此外又在下游建立了分离泥沙的工程。这就是截水分水的基本策略。从公元前251年到现在，它充分发挥了治水的功能。都江堰工程中其实没有新科学知识的发明，完全是经验的累积和卓越的创意，但这就是李冰父子的创新。他们以服务社会、造福民众为目标，历经千辛万苦，终于完成任务。2000年，都江堰被联合国教科文组织列为世界文化遗产。2008年汶川大地震的时候，都江堰周围很多建筑受到破坏，但是都江堰却完好卓立，没有受到影响。

图1-2　都江堰

清光绪年间成都知府文焕在都江堰旁立了一块石碑，刻下治水三字经："深淘滩，低作堰。六字旨，千秋鉴。挖河沙，堆堤岸。砌鱼嘴，安羊圈。立湃阙，留漏罐。笼编密，石装健。分四六，平潦旱。水画符，铁桩见。岁勤修，预防患，遵旧制，勿擅变。"这是李冰父子留下来的技术精髓，是将知识变成实用技术对社会产生效益的典范。都江堰工程的效益不是为个人，而是为广大老百姓，直至两千多年后的我们还享受着它的遗泽。

那时候还没有炸药，为了开山凿石，都江堰的修建者利用热胀冷缩的知识，架柴用烈火焚烧山石使其灼热，然后浇以冷水让石头开裂。想想他们要克服多少困难，需要多大的毅力，才能完成如此伟大的工程。这就是创新的精神，令人景仰。

为什么要把都江堰当作第一个例子？诸位在考虑创知、创新及商业化创业的时候要仔细地思考清楚，你努力的目标是什么？是赚钱、建立一项事业，还是对社会有更长远的贡献？有不同的目标，就有不同的做法。

中国历史上这一类的重要创新，在土木建筑、水利灌溉、材料冶金、农业医药等方面都有极多典范[12]，值得读者追踪浏览。

[案例二] 莱特兄弟与飞行器

脱离地面，飞上天空，与月亮、星星为伍，这是很多人梦寐以求的事情。年轻的莱特兄弟亦是这"摘星族"的成员，他们时常望着飞鸟的自由盘旋而神往、感叹。他们来自一个清贫的家庭，爸爸是传教士，没有固定的教区，时常要到偏远的地方传教，所以他们经常搬家。最后他们随父母落脚在俄亥俄州的代顿市（Dayton）。两兄弟开了一个小公司印刷请帖、广告及社区新闻等，同时经营一家机械店，修理及租赁自行车。所以，他们对骑自行车颇有心得。

1896 年，他们受一个做滑翔实验的德国人坠机身亡的新闻影响，开始探寻飞行原理。他们长期观察飞鸟和自行车运行，得到几点结论。一是骑自行车什么时候会摔倒呢？答案是车子不动的时候。只要车子一直在动，就不会倒下来。二是鸟在飞翔时，不仅翅膀在动，身体也配合着在动，它们以身体姿势控制平衡及飞行速度。人类虽不能事事学飞鸟，但是要飞行就应学飞鸟的姿势控制。三是飞鸟的飞行与体重无关。所以滑翔机的飞行应与滑翔机的大小无关，能否控制飞行才是关键因素。

莱特兄弟通过看书、找资料，觉得需要亲自做滑翔机试验。他们在修理自行车的车间里制造试验用的滑翔机。为了解试验飞行的状况，他们仿制了一个风洞，使其能改变气流及速度。他们在风洞内进行各种模拟试验，研究气流对滑翔机飞行的影响。

俄亥俄州在美国中西部，人口相对稠密，要进行滑翔机试验必须找一个人口不多的地方。这个目标地点必须经常有风，但又不是太大的风；要有平地，最好是沙滩，这样从空中掉下来不会有太大的危险。他们写信到美国气象局查询了几个地区的天气信息，研究之后，选定了北卡罗来纳州的基蒂霍克（Kitty Hawk）的海滩。

这个地点距离代顿市十分遥远，而且很偏僻。莱特兄弟要乘坐火车、汽车及小船才能到达。他们带着机械、器材、露营用品和食物，扎营棚为基地。强风一来，营棚被吹倒了；强风一息，蚊群又来袭击。有蚊群来袭时，他们要把棉被紧紧地裹在身上，才不会被蚊子"吃"掉。在这种严峻的环境下，他们还得不断地改良滑翔机和试验条件。

经过近1000次有记录的试验，他们了解了如何借风避风，在空中可以飞行26秒，飞越190米。有了这样的验证，他们确信可以控制滑翔机在天空飞行。

1903年12月17日，他们的滑翔机在空中飞行了近1分钟，飞行距离约260米，这是非常了不起的成绩。他们非常自信，滑翔机的飞行已经确定没有问题了。

由于基蒂霍克距离莱特兄弟家较远，交通不便，他们又找到一个离家较近的地方继续试验。1904年年底，他们的滑翔机可以在空中飞行90秒，飞行高度约1220米。莱特兄弟的滑翔机最长的飞行纪录是以每分钟24.5米的速度飞行38分钟。当时滑翔机的油料已经耗尽，但他们可以控制滑翔机安全落地。在1000多次的飞行试验里，莱特兄弟一个在天上飞，另一个在地面做记录[13]。

史密森尼博物馆（Smithsonian Institution）是美国政府赞助的半官方的科普机构，位于华盛顿国会山庄附近，是一个非常重要的文教组织。它们也有计划做滑翔机试验，且有政府经费的支持。但是它们的理念和莱特兄弟不同，双方经常有所争论。兄弟俩得不到史密斯博物馆的经验指导和经费协助，这无疑是一件遗憾的事。

这时莱特兄弟飞行的成绩已经很卓越，欧洲的同好知道后常常邀请他们去欧洲表演，当然都有费用回馈，所以两兄弟在欧洲的名气比在美国还大。因为莱特兄弟蜚声欧洲，当时的美国总统知道后邀请他们去白宫接受表扬。1909 年，在他们的试飞工作开始差不多 10 年之后，美国陆军部才拨给他们一点经费，请他们制造一架飞机，要求是能带 1 位乘客，以 40 英里（约 64 千米）的速度飞行 1 个小时，下降的时候能在受控情况下安全着陆。莱特兄弟在 1909 年达成了这个目标，这架飞机以 3 万美元的价格卖给了陆军部。

第一次世界大战爆发几年后，1917 年美国政府要求莱特兄弟的公司和对手格伦·柯蒂斯的公司相互授权，以争取美国在航空技术上的优势。莱特兄弟的公司不得不同意。1929 年，这两家公司合并成为柯蒂斯 莱特（Curtiss-Wright）公司，但已非同业中的领先者。

总体来说，莱特兄弟在技术创新方面有卓越的成就，对人类有重要的贡献，但是他们在创业方面的成绩远逊于创新。他们低估了创业所需的管理能力和资源，也没有适当的创业文化环境。

[案例三] 索尔克和小儿麻痹症疫苗

第二次世界大战之后，小儿麻痹症逐渐蔓延。仅 1952 年，美国本土就出现了 5.8 万个病例，其中 3145 人被夺走了生命，21269 人因此半身不遂。小儿麻痹症并不是只有小孩才会罹患，大人也一样会得，这引起了社会普遍的恐慌。除了原子弹之外，小儿麻痹症被认为是当时人类面临的重大灾难。

乔纳斯·索尔克（Jonas Salk）于 1914 年 10 月出生在美国纽约市。他自小聪慧，15 岁就进入纽约市立大学，毕业后在纽约大学医学院攻读医学博士，随后在密歇根大学从事病毒学研究。1947 年，他受匹兹堡大学医学院聘请，并得到美国畸形儿基金会的研究经费，开始对小儿麻痹症进行研究，随之进行小儿麻痹症疫苗的研发，希望对这种疾病的治疗和预防有所贡献。

索尔克的研究很快就有所进展。他的组织能力很好，领导力为同侪所敬重。

在数年内他成功地组织了强大的医学队伍，进行疫苗的研发及试验工作。他的团队约包含 2 万名医师及公共卫生官员，6.4 万名学校人员和 22 万名志愿者，可以说是美国历史上规模最大的医学研究团队。前后约有 180 万名学童接受疫苗注射。由于疫苗非常成功，被广泛采用，小儿麻痹症逐渐被遏止。许多人认为他是一个奇迹创造者，得到广泛的称赞 [14]。

索尔克没有为小儿麻痹症疫苗申请专利，因为他认为增进公共卫生水平是科研人员的道德责任。他希望全世界的儿童都能接受疫苗注射，这需要他全力投入，如果去申请专利，不但会遭遇许多其他人员权益问题的纠缠，同时会使得免疫计划的推行因为企业利益受到影响。他认为努力的重点应该是全面推广免疫，而不是去获取个人的收益，所以他没有创业的问题。这是一种崇高的精神，受到社会的推崇。他过世后，他的团队还在从事艾滋病的研究工作。

[案例四] 蒂姆·伯纳斯·李与万维网

World Wide Web（简称 WWW 或 Web），字面意思为"世界网"，又称"万维网"，是当今世界使用最广泛的民用通信媒介。地方无分中外，年龄不分老少，不分国界、不分宗教、不分性别、不分职业，凡是需要与他人接触的，只要上了万维网，自然无远不至，在瞬息间便可联络。这种奇妙、奇特、奇迹式的通信工具的发明人，是英国人蒂姆·伯纳斯·李（Tim Berners-Lee）。

蒂姆·伯纳斯·李生于 1955 年，从小就对计算机有着浓厚的兴趣。他曾经用一台旧电视里面的电子元件组装出一部计算机。他很喜欢动手，也喜欢软件。他乐于用软件来升级计算机的运作和功能。他于 1984 年进入欧洲核子研究中心（CERN）工作。这是一个位于瑞士的国际性研究机构，有大量的实验数据需要处理，研究人员需要有密切的沟通，所以通信是一项重要的课题。他以计算机软件的开发来支撑这个需求。1989 年，他成功地把超文本数据和用户通过网络连接在一起，于是创造了万维网。

蒂姆·伯纳斯·李没有对万维网申请专利，因为他认为他发明沟通思维方法的目的就是要公众使用。别人如果乐意采用他的方法，可以促进这个方法的传播，何必需要付费？也正是因为这样，他鼓励大家尽量去利用万维网，挖掘这项新技术的潜能，使人们更能珍惜彼此，分享彼此的成果和情感[15]。

蒂姆·伯纳斯·李于 2013 年获得伊丽莎白女王工程奖，2016 年获得图灵奖（Turing Award）。他分别被牛津大学与麻省理工学院聘为教授（1998—1999 年）。他成立了国际互联网联盟，以增进技术交流、推广应用并解决技术性问题。

蒂姆·伯纳斯·李在创知创新方面有卓越的成就，他对创业也有独特的见解。但他觉得万维网的知识、技术应该属于全人类，所以决定不申请专利、不用于自我创业，而是鼓励全人类去使用、共享、更新和再创造，终于成就了万维网超越时代的发展。

经济学家熊彼特认为，世界文明和经济的发展受到革命性创新的影响，不断地往前推进。他指出几个创新的周期，或称浪潮，成功地变为经济的驱动力。这几个浪潮间隔的时间越来越短，对经济的影响亦越来越大[16]。

第一波是 1785—1845 年，作为创新驱动力的是水力发电和工业机械的推广。第二波是 1845—1900 年，主要的创新动力是蒸汽机、轨道交通和钢铁的应用。第三波是 1900—1950 年，创新的动力是多元化的发电、内燃机及化学制品的普及。第四波是 1950—1990 年，主要的技术创新是在电子、计算机、航空及石化领域。这个时候熊彼特已经不在世了，然而以他的理论为基础，我们可以看到第五波的技术创新从 1990 年开始，目前仍在持续中，作为创新驱动力的是数字化、无线通信、新材料及互联网的应用。

另外一个重要现象，是每一个周期都把经济发展推向一个高峰。表达整体经济强度有多种方式，如国民所得总值（Gross National Products，GNP）等，但是数据的获得及其一致性较难确定。如以美国道琼斯工业平均指数为参考，则较简单，21 世纪社会的经济力度，约为 200 年前的 3000 倍。

这些现象，我尝试用"熊彼特创新创业周期"示意图（图 1-3）来描述，需要注意的是，此图是一个定性分析图（qualitative analysis），尚缺少定量上的准确度，只希望把熊彼特的主要理念做一个较为清楚的表达。

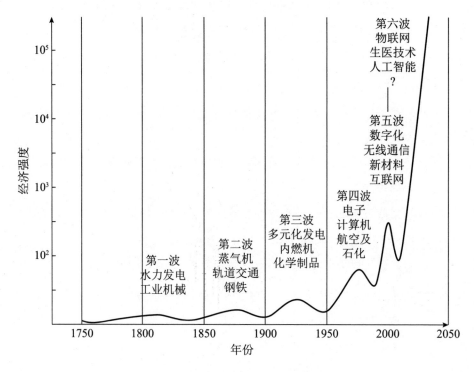

图 1-3　熊彼特创新创业周期示意图

第二章

创业_的过程

不同阶段　不同人才

创业是科技知识应用的一种方式，它和创知及创新是两回事。创业与创知、创新虽然有密切的关系，但工作的目的和内容、成功的标准、所需人才的才能和计划管理的方式都有很大的不同。本章将以早期半导体产业化的曲折过程和硅谷的兴起为例进行说明。

一、科技产业化的过程

科技产业化是指从基础研究、应用研究、原型设计、产品开发到产品制造、市场销售及售后服务。这个过程漫长而复杂。前期是科学研究，主要是在实验室里、在可控制的环境中进行。中期是技术开发，也就是技术创新，这个阶段已离开实验室，进入社会。后期就是产品制造和技术服务，把产品投放到市场中，需要专业的生产管理、运营管理和市场销售等团队的参与[1]。

一个产品从最初的基础研究，到最后真正产业化，每个环节都需要不同的知识、经验和技能，显然是需要多种人才的。

从基础研究到产生经济价值，这个过程之漫长时常出乎常理所能预料，最基本的原因是科学知识的经济价值是很难定义的。人们要把科学理念变成技术，再结合其他必要的工艺，才能成为可以应用的系统或者产品。多数的单项技术是不能产生实用价值的，多种单项技术结合的系统才能成为有用的产品。举例来说，光有计算软件或记忆芯片不能成为电脑，有了电脑，不懂销售或财务管理等，也不能走上产业化之路。

二、科技产业化的才能需求

从实验室到市场，可说是一套三部曲，首章是创知—科研，次章是创新—技术，末章是创业—应用，如图 2-1 所示。

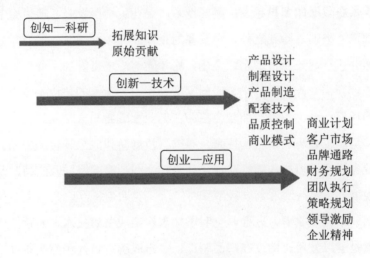

图 2-1　从实验室到市场

从实验室到市场需要什么样的人才呢？

在科学研究方面，重点是开拓新的知识，提供原始贡献。新知识可能是新材料、新方法、新理念、新现象等。这方面需要人才有科学研究的基本素养，能发掘新的科学基础知识，有过人的观察力及分析力，才能做出原始贡献。

在技术创新方面，人才需要有解决问题的能力，能从事产品设计和制造、配套技术研发、品质控制及规划、商业模式开发等，还要了解以什么形态、什么方式把产品传递到客户手中。以"天下第一个发明牛肉面的人"为例，他发明牛肉面后将如何产业化？是要开餐厅将面一碗碗送到顾客面前享用，还是将面做成罐头或真空冷冻处理后，经销售渠道一包包卖到客户手中。不同商业模式所涵盖的工作内容、产业结构、成本结构都不相同。最后论对企业获利的贡献程度，恐怕牛肉和面条只占其中较小的部分。

到了应用阶段也就是创业阶段，人才就必须懂得商业计划、制造管理、客户市场、塑造品牌、建立通路、找寻投资人及获得银行或机构的融资。投资和融资有关系，但又有不同。投资主要是指企业开办和初始运营的固定资产投入。融资是企业到了真正营运阶段需要向银行借贷流动资金，使企业能顺畅运转。投资越小，企业原始负担越少；融资越多，企业运转越顺畅。所以企业运作的资金大都是外来的。除此之外，更重要的是建立高效的团队，能够规划企业发展的战略并执行，还要打造企业文化。这才能够形成良好的企业。

科技创新需要产、政、学、研的紧密合作。创业家的角色不限于以上四个领域中的任何一个，而是要能融会贯通。创业家既要与大学保持来往，了解科学发展趋势，也要与科研机构往来，寻求科技创新和成果转化的协助。除此之外，创业家还要懂得与政府打交道，获得社会和政府的资源及支持，从而推动创业的发展。

从另一个角度来看，创业是把科学知识转换成关键技术，然后产生应用价值，也就是学以致用。即使在产品制造、销售成功之后，仍然必须经过一段时间的试用以确保产品品质能契合消费者需求，还要完善销售网络和落实售后服务等。做好这些，才算有了一个可以正常运营的企业。总而言之，创业道路漫长又崎岖，不是一般科学家或工程师所能想象的，创业的难度时常被低估。

一位教授或院士如果大部分时间沉浸在实验室里，一般并不熟悉市场机会和运作，也不擅长团队互动。要求他去运营一家企业，面对各种财务、市场、人事、企业关系的细节，事事都要精心缜密，这是很大的挑战。这也是为什么许多科学家、工程师或教授满怀激情地"下海"，却灰头土脸地"上岸"的原因。他们容易造成本人、团队和投资人的"三输"结局。总结来说，一个科学家或工程师在创业初期最需要的是企业管理资源的协助。这些资源可分为财务、市场、人力资源及企业关系四部分，如图 2-2 所示。

图 2-2　创业家所需的管理资源

如前所述，20 世纪人类有三项非常重要的科学发现，成为科技史上的重大突破：一是对物质世界的了解，即量子科学；二是对生命现象的了解，即 DNA 及生命科学；三是对人类心智运行的了解，即计算机科学。这三项革命互为因果，交叉发展，促进了技术的进步及经济的转型。其中在物质方面有两大重要发明，一个是晶体管，另一个是激光，促进了很多技术创新以此为基础延伸。下面的案例与晶体管的面世有关。希望读者通过案例可以较深入地理解创新和创业的不同。

[案例一]　早期半导体产业化的曲折过程

1. 肖克利与晶体管的发明

威廉·肖克利（William Shockley）是美国加州人，生于 1910 年，在麻省理工学院（MIT）获得博士学位后进入美国电话电报公司旗下的贝尔研究院（AT&T Bell Laboratories）。贝尔研究院是美国重要的、大规模的、高水准的研究机构。虽然是一家公司的研究院，研究水平却领先于许多国家级研究机构，在材料科学、电信技术、集成电路、计算机科学等很多方面的成绩居全球领导地位。在过去70年内，贝尔研究院有9个团队得到了诺贝尔奖。

肖克利在贝尔做固体物理研究，成绩卓著，大家期待这些结果能有重大的经济价值。1956年，他因母亲生病而考虑回加州。这时斯坦福大学刚成立了斯坦福科学园，该校的工程学院院长特曼（Frederick Terman）教授鼓励他创办公司，一方面可以实现创业理想，另一方面可以照顾母亲。他欣然同意。当时的晶体管是革命性的技术创新，市场前景很好。肖克利离开贝尔之际，他和团队另外两位成员巴丁（John Bardeen）博士与布拉顿（Walter Brattain）博士一起获得了诺贝尔物理学奖。他们发明的固态半导体晶体管，预期将取代真空电子管而成为电子仪器的基本元件。科技界公认这将是20世纪知识经济活动最基本的驱动力。

此前的电视、计算机和通信设备等都需要使用真空电子管来控制，每台设备依据需要可能要用成千上万的真空电子管。真空电子管的外壳大都是玻璃制品，里面是精细复杂的材料组合，很容易损坏，所以电子仪器的维修是一大难题。半导体晶体管就完全不同了，它简单、可靠、耐用，这是肖克利团队的贡献。他所成立的公司就是制造计算机及控制设备等所使用的半导体元件。

肖克利是一位卓越的科学家，但是他低估了创业的难度，不知道创业需要具备和科学研究不同的思考方式、不同的工作能力、不同的做事风格，以及不同的团队。他开创的公司不到两年就宣告失败。这是一个不幸但很有启发性的案例。他的不幸意外地促成了硅谷的发展及成功。这正合了一句古话：有意栽花花不发，无心插柳柳成荫。

2. 肖克利的领导：创知与创业大异其趣

作为一位资深的物理学家，肖克利的行事作风很特别，可说是集一些科学家怪癖的大成。他当时想邀请贝尔研究院的一些同事跟他去硅谷开创一方新天地，但许多人知道肖克利是个不易相处的人，对他的领导风格甚为警惕，所以拒绝了。

在20世纪50年代，美国的主流企业集中在东部，企业文化是传统式、规范性的。而西部被认为是牛仔的地盘，草莽无文，本来就不容易吸引人才。所以肖克利只好在全国广发信息，招聘优秀人才。其中有八位优秀的应聘者年龄都在 30 岁以下，学有专精，风华正茂。他们之中有获得双料博士学位的高才生，有来自大公司的工程师，也有著名大学的研究员。这八位能放胆到西部去，说明他们不是墨守成规的人，都有勇于冒险的精神。这八人后来都成为微电子产业的翘楚。

他们很快就发现肖克利这位才华横溢的科学家是一位让人难以捉摸的领导者。肖克利对企业管理一窍不通，他自以为是，极难相处，对员工态度非常强硬。管理是一门艺术，需要很多智慧，对高学历、高自尊的学者更是如此。

公司的同事提醒肖克利：开公司的目的不是继续从事半导体的研究，而是产品的开发、制造及营销，并拓展市场，为公司及员工获取利润。但他觉得在固体物理的范畴中还有许多重要的课题值得继续探索，忽视了对公司、团队及投资人的责任。肖克利创业的价值观和领导软实力的缺点成为其创业成功的最大障碍。因此，他聘用的精英们很快有了不如他意的想法[2]。

3. "八叛徒" 下海

团队里以诺以斯为首的八位成员在认识到肖克利没有创业者的领导才能，且他们热衷于开发高级产品的愿景处处受到阻碍之后，就计划集体离开。

他们希望找到一家乐于开拓半导体器件的公司，能够提供良好的工作环境、充裕的资金支持和有效的行政措施。他们希望整个科研团队有相对的自由，可以专注于技术性的工作，并扩大团队以加快工作进度。他们计划在 3 个月内完成高端晶体管的开发目标，大约需要 75 万美元的启动资金。

另外，他们都喜欢在旧金山南部湾区，也就是现在的硅谷居住及工作，因为那里气候很好，人文环境适合，是成家立业的好地方。这个八人团队写信接触了十多家公司，但是没有一家公司愿意雇用他们。原因如下。第一，从事未来性的晶体管和集成电路研发挑战性极高，需要很大的资金投入，需要很多技术创新。凭这几个初生牛犊行吗？第二，很多公司不愿意整批接纳肖克利公司的技术团队，不想公开和新科诺贝尔奖得主"打擂台"。

最后，团队接受两个金融财务分析师的劝导："你们不如自己去创业吧！"自行创业？这是个奇怪的想法，这不是他们原先的选项。作为高级研究人员当然要为大学、公司或政府服务，哪有自己去创业的呢？

但是实际的情况不如人意，他们只有硬着头皮另辟蹊径。在两位财务专业人士的支持下，他们争取到了纽约仙童照相机与仪器公司（Fairchild Camera & Instrument Corporation）的贷款。这是一家生产摄影器材的公司，业绩甚好。总经理谢尔曼·仙童（Sherman Fairchild）赚了钱后也正在寻找新项目投资。经过密集谈判之后，谢尔曼答应提供 138 万美元的贷款，期限 18 个月，但有附带条件：①团队的成员都要以个人名义负起借贷责任；②如果公司运行良好，贷方可在 2 年之内以 300 万美元，或者 8 年之内以 500 万美元购买此公司的权益；③要求占有董事会里过半席位，有权任命总经理。

这些条件是相当苛刻的，但这是八人团队当时所能找到的最好的条件，所以他们接受了。双方在 1957 年签约并成立了公司。新公司共有 10 位股东，除八人团队各占 10% 的股权外，财务分析师阿尔弗雷德·科伊尔（Alfred Coyle）和亚瑟·洛克（Arthur Rock）也加入进来，各占 10% 股权。这两位分析师后来都成为硅谷极负盛名的风险基金投资人。

4. 仙童半导体公司的崛起

八个人离开肖克利的公司，促成了具有传奇色彩的仙童半导体公司（Fairchild Semiconductor Company）的诞生。他们的愿景是要以硅为主要原材料制造高功率、高效率、低价格的晶体管，成为电子器材、设备的基本元件，并开发集成电路（integrated circuit，IC），然后使它成为计算机或自动控制器的核心。例如计算机里有几十个集成电路封装件，每个可能有成千上万个甚至数万个晶体管的功能，使复杂的机器变得非常简单。

仙童半导体公司产品的主要目标市场之一是军方。当时美国和苏联正在进行军备竞赛，特别是在导弹和火箭方面，需要尖端高新技术，集成电路是其中之一。美国国防部有很多机构很看好固态半导体技术。因为真空电子管精确度不够、容易损坏、可靠度低，所以他们很喜欢固体半导体技术的理念和解决方案。

团队成员们知道，与军方合作常有的结局是公司被军方买去，公司职员全部变成军方雇员。团队的领导罗伯特·诺依斯不希望看到这样的结果。他对这个团队的技术和产品极有信心，对公司的未来发展有一个规划。除了供应军方的需求外，他们还希望开拓广阔的民用市场，这样可以保证公司发展的自由度。所以他们决定不做军方的雇员，而在军、民两个市场上平行发展。这是一项重要的策略性决定。

团队成员都是技术专家，各有专长又能互补，公司成立之后，他们寻找能与自身互补的力量，招聘懂得经营、市场、销售方面的人才来弥补公司运营方面的不足。

至于肖克利的公司，因为这八个主将的离开，一年后就做不下去了。肖克利大发雷霆，把他们称为"八叛徒"。这件事成为硅谷的典故之一。

1958 年 1 月，IBM 公司给了仙童半导体公司第一张订单，订购 100 个硅晶体管，用于计算机的存储器。到 1958 年年底，公司已经实现 50 万美元销售额并拥有 100 名员工。依靠技术创新优势，它一举成为硅谷成长最快的公司。

公司的销售收入从 1958 年的 50 万美元跃升为 1960 年的 280 万美元，到 1961 年时已突破 2100 万美元，呈几何级数增长。

仙童半导体公司的发展得益于美国政府和国际环境变化的影响。1957 年，苏联率先把人送上太空，这使美国人感到忧虑。美国军方开始快速发展"民兵"（minute man）导弹，用以保护洞开的领空，抵抗来自苏联的威胁。这在当时是美国国防部的一个重大的优先项目。国防部资金充沛，需要有人帮他们做研究及技术创新，以实现他们的优先策略目标。仙童半导体公司的出现，时机最巧。幸而公司已经做出了策略性的决定：公司是高新技术产品的制造者，只是国防部的供应商，不会成为国防部内部的企业。这避免了"外行指导内行"的通病。同时，除了供应军事用品外，公司还从事民用商品制造，并且进展很快。如今看来，这个策略是十分重要和正确的。如果没有这一策略，集成电路或许不能商业化得这么迅速，更不可能会改变人类科技发展的轨迹。

由于团队的不断努力，多项集成电路的重要技术先后迅速地开发成功，带来质量上持续的重大突破。仙童半导体公司后来发展成为世界上最富创新精神和最令人振奋的半导体制造公司，为硅谷的成长奠定了坚实的基础。更重要的是，仙童半导体公司为硅谷，甚至为世界上其他地方孕育了大量的技术人才和管理人才，被称为电子、计算机业界的"西点军校"。在仙童半导体公司任职是半导体专业人士引以为荣的经历。

5. 仙童半导体公司的没落

20世纪60年代的仙童半导体公司进入了它的黄金时期。到1967年，公司营业额已接近2亿美元，这在当时可以说是个天文数字。在此之前，远在5000公里外的母公司已经取得了创业团队在公司的权益，并不断把利润转移到公司总部，去支持母公司的其他业务。仙童半导体公司总部没有对集成电路技术的升级做出必要的投资，也不愿意采取较具激励性的行政措施给予劳苦功高的半导体经营团队公平合理的待遇，如给予认股权等。它不明了高新技术公司的人事运作，所采取的手段与传统公司剥削有功职工的方式无异。"八叛徒"中的赫尔尼和罗伯茨率先出走，成立了阿内尔科（Amelco）半导体公司。与此同时，克莱纳和朋友成立了一个投资风险基金。随后，另一成员拉斯特也带着几个职工离开了仙童半导体公司。10年内"八叛徒"纷纷离去，每次都有公司的人员跟随他们出走。1968年，诺依斯和摩尔邀格鲁夫（Andrew Grove）创办了后来大名鼎鼎的集成电路公司英特尔（Intel）。

由于大批精英纷纷出走，仙童半导体公司逐渐走向没落。从1965年到1968年，公司销售额不断滑坡至不足1.2亿美元，连续两年没有盈利。20世纪70年代末，几经周折，仙童半导体公司的拥有者以21亿美元的价格把公司卖给了法国的石油服务业巨头斯伦贝谢（Schlumberger）公司。从此仙童半导体公司变成鸡肋，食之无味，弃之可惜，最后成为技术市场的弃儿。

[案例二] 硅谷半导体产业的兴起

从仙童半导体公司分离出来的半导体相关公司，10年内在硅谷就有65家，业务遍及半导体设计、测试、应用、专业服务及风险投资等。此后蜚声科技界的投资机构KPCB（凯鹏华盈）、红杉基金（Sequoia Fund），都和仙童半导体公司出走的人才有直接的关系。这两个基金成为许多科技创业公司的催生者或"保姆"。这些群聚产业成为此后硅谷的主流企业。仙童半导体公司这只"老母鸡"直接或间接孵化出来的65家公司关系交错密切，如图2-3所示。

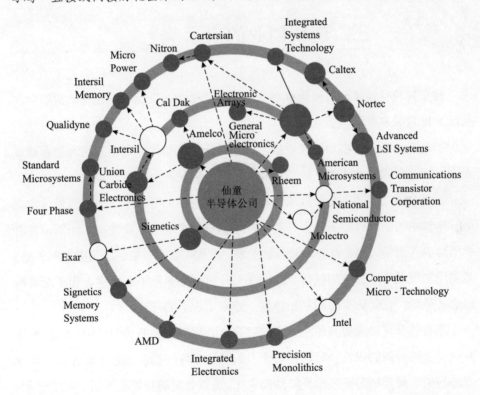

图 2-3　仙童半导体公司的衍生公司

（资料来源：Point the Gap，Endeavor Insight）

很多衍生公司和仙童半导体公司成为合作伙伴而非直接竞争者，主要的原因是电子信息产业的迅速发展使集成电路供不应求，市场上必须要有满足各种用途的集成电路供应者。此外，集成电路设计、封装、IC测试，以及仪器设备供应、高阶人才中介、专业技能训练、市场潜力分析、法律事务处理等周边产业形成了集聚的生态，这些组成了无晶圆（fabless）制造业。至于风险基金的成立，更是创业者重要而直接的助力[3]。

三、创新创业的启示

肖克利的半导体公司和仙童半导体公司的命运，以及对硅谷发展的影响，可以给我们很多启示。

①肖克利是一个成功的科学家，但不是一个成功的创业者。因为他不尊重人才，缺乏企业管理才能，缺乏企业家精神，无法建立创业软实力。

②"八叛徒"团队之所以成功，首先，因为他们有一个高尚的愿景：实现半导体技术的潜能以造福社会。其次，他们是一个能力互补的技术团队，并能不断地引入新的力量，有助于业务的扩展。再次，他们制定了正确的发展策略，能利用时机及环境提供的机会。他们在每一时段都秉承追求卓越、止于至善的理念。最后，在团队里他们互相尊重，建立了深厚的友谊。

③科技公司必须要有尊重个人的理念，并采用多种激励的措施，才能使企业成员认同企业的成长目标，并与个人的成长目标挂钩。仙童半导体公司在这方面的失败是其在高新技术界陨落的主因。虽然公司的投资已有了百倍的盈利，但是公司却不能给予核心团队适当的回馈，导致了后来的分崩离析。

④一个地区的发展不能倚靠一个单独的公司，而要培育一个优良的创新创业环境，使创业者乐于在这个地区努力。此外更要鼓励科技企业间的激荡、竞

争与合作，形成雄厚的企业群聚（business cluster），互惠互利。

⑤政府的角色是基础性的。政府应提供全面的资源，塑造一个创新、敏捷、互补、透明的机制，以提高创新创业的效率。政府如果能采购新兴企业的优良产品，更可促进它们的升级和壮大。

⑥企业间要建立信义立业的文化，并在法律框架下互相尊重。企业间应有良性互动，人才可以依法互相流通，达到人尽其才，才尽其用。肖克利的半导体公司和仙童半导体公司的没落其实成就了硅谷的崛起及其多元化和可持续性。

四、摩尔定律

戈登·摩尔（Gordon Moore）于 1965 年指出了集成电路行业的一个重要规则，成为此后该产业发展的圭臬。摩尔定律不是学术性的理论，而是一个经验性法则。摩尔以技术的进步为基础，结合信息产业、社会进步等因素，推断将来这个领域的改变。他预言，因为技术不断改进，集成电路芯片上所包括的晶体管数量即密度，大约每两年（18 ～ 24 个月）就会翻倍。因为每两年，基本相同的价格所能获得的产品和功能将会增加 1 倍。就是说，产品的单位价格将会逐年递减。即如果产品的单位价格今年是 10 元，不到两年就降为 5 元，再不到两年就降为 2.5 元，这是多么可怕的市场压力。所以集成电路行业虽然前景广阔，但是在自由市场中竞争性很高，风险也极大。

集成电路领域有极其灿烂的一面，但是也隐藏着严酷的挑战。如果你只想到获利时的光辉，而没有考虑失败时的惨痛，那就说明你不了解这个行业的风险。试想今年的新产品才上市，不到两年就要下架了，创业者如果没有把握应对两年后的市场，此时最好不要进场。摩尔当时预测这个规律大概可以运行

10 年，但是 40 年后，这个规律仍然有效。

1972 年，一个集成电路芯片上可以有放置 2400 个晶体管，到了 1980 年可以放置 1 万个晶体管，到了 1990 年可以放置 10 万个晶体管。这是以指数级的速度增长。如果公司不能改良技术、升级产品，过两年就要落伍了。所以，半导体产业是最美好的产业，也是最艰难的产业。从图 2-4 中可以看到存储芯片的单位价格 1992 年时是 569 美元 / GB，到 2012 年是 0.02 美元 / GB，计算可知存储芯片的单位价格以每年 40% 的比例在降低。这是电子行业内的挑战。行业里创新创业的领先者设定步调，立下规则，跟随者一不留神就会被淘汰。到今天，摩尔定律在微电子企业面前仍然"威风凛凛"。

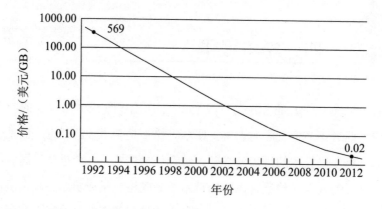

图 2-4　存储芯片单位价格的变化（1992—2012 年）

（来源：Paul K. K. Sun，ITRI，2014）

所以集成电路行业的入场门槛是很高的，对高端人才的要求很高，资金需求很大，进去以后维持它的成本更高。只有大的财团才有实力负担，没有政府层面的支持也很难维持下去。

第三章

创新机制与区域发展

政府搭台 产业演出

知识经济的驱动力来自人才及技术。人才和技术能在创新创业方面发挥效用的一个重要条件是必须与当地的人文、社会环境相结合。所以过去半个世纪以来，许多发展中的经济体无不着力于建立其地区的创新机制。良好的创新机制可协助个人创业，更可使区域中的产业形成集群，互相配合，共谋发展，促进区域宏观的经济活动发展及效益提升。

一、科学研究与经济价值

第二次世界大战以后，许多国家或地区企图以行政的力量发展科技，继而利用其成果开发产品，培育相关产业，但大多没能获得预期的效果。即使在此过程中获得若干创新的成就，展示了"官方"的力量，但是整体经济（特别是民生经济）却没能随之开花结果。世界上采取计划经济的国家，早期如苏联，近期如朝鲜，走的就是这条路线。它们虽然在若干科技领域中有长足的进展，但其民生却困难重重。有些国家或地区以大学为主体，责成其培育人才，从事科研，进入创业领域，然而大部分亦是事倍功半。有些则在行政系统内组织技术开发单位，全力开拓产业，最后大多偃旗息鼓，无疾而终。

20 世纪 90 年代初期，我曾到东欧一些国家如波兰、捷克旅行。在波兰华沙城郊参观一间皮鞋厂时，我发现它的产品货真价实，却卖不出去，全厂2000 多名员工马上有断炊的危险。管理层急得不得了：制造的产品如何销售？

公司如何转型呢？我看到工厂车间里黑压压的一片，不是工人，就是鞋子。原来它们只生产黑色的皮鞋，只有一个款式，大、中、小三个号码。过去二三十年的生产，都是经过莫斯科"老大哥"的安排，每月定量地运送产品到不同的地点，工厂及员工定时会收到工资。但是现在"老大哥"的安排不管用了，各销售点听命于市场，顾客所要的是不同款式、不同尺码、不同颜色的皮鞋。市场上有印度、日本及中国等生产的物美价廉的产品，供人们任意挑选。所以，这家华沙鞋厂的管理者一筹莫展。

我又到波罗的海沿岸的爱沙尼亚及立陶宛访问，受到两国国家科学院高层的接待。坐在堂皇庄严的会议室里，我环顾四壁，墙上挂满了奖状、奖牌和大师及领导人的肖像，书架上尽是烫金的巨型著作。但接待者忧心忡忡，愁容满面。这些数学、物理、化学、生物等学科的重要著作里竟然没有一样可以商业化生产，从而替研究院赚取收入，为老百姓提高生活水平。

一些地方的自然资源、人口、科学知识累积等比中国台湾强多了，但是中国台湾可以从二战的战火中站起来，变成亚洲的经济"四小龙"之一。很多人对此非常好奇。这就是我30年来提倡在国家或地区层面建立创新机制的原因。我深深地觉得，纵使是自然资源充足的国家或地区，如果不知深思远虑、未雨绸缪，发展科技创新，终有坐食山空的一天。

二、宏观创新机制

创新是以知识创造新财富，谋求从科学研究推演到产业化的过程。这中间有两个关键环节，相互呼应[1]。一个环节是把科学研究变成工业技术，先要经过一系列的应用研究，包括产品开发、制程开发、试点实验，然后才能进行工业化生产。这个环节叫作开发工业技术，这就是创新。另一个环节是营造良好的产业环境。一个企业要能在市场中生存并盈利，需要非常复杂而艰辛的工作。健全的企业需要有营运能力，更需要有良好的产业环境。产业环境包括政策、规划、财税、法律、科研支持、基础建设、人力资源、风险基金投资等，大都是政府权力的范畴。这些环境因素近20年来都是学者研究的课题[2]。

要了解这个机制的运作，我们可从探讨从事这些工作的群体着手，看看谁是真正的"玩家"。一般来说，我们可把大学当成科学研究的主体机构。开发工业技术应是研究院和研究所的任务，这个"研"跟学校的"研"是不同的。这里所说的"研"并非基础研究，而是技术研发。至于产业化，那是企业的事，而打造产业环境则是政府的任务。产、政、学、研是国家或者地区创新机制中的四个角色，也是四个方面的力量。它们看来相似，但是实际上有许多不同的特质和运行规范。

产、政、学、研四者必须要有密切的联系，要互相合作。合作的前提是不能偏离每一个角色本身的定位。教师在学校里最主要的任务是把学生教好，言传身教。学生就是大学最重要的"产品"，因为培养人才会给社会发展增加新的动力，这是大学对社会最大的贡献。大学的另一个重要贡献就是把科学技术不断地向前推进。然而大学的这些任务不是产业界所最关心的。产业界最关心的是它的产品能不能为市场所接受、能不能产生利润、公司是否能持续经营，这三者是企业成功与否的要素。

至于创业者，应是有志向兼有担当的个人。他要了解大学，知道科技的前沿，也要能看到实际的产业环境，还要懂得怎么去利用环境提供的资源。所以，他必须要将产、政、学、研结合在一起，然后可以自由地游走在四者之间，找到所需资源，制造并推销所生产的产品。

科学研究、技术发展和商业化是可以分开的。从基础研究到产业化要经过很多步骤，不是一个人、一个机构可以全部做好的，所以创业者必须寻找与他人合作的机会。创新不一定是从最开始的科学研究产生的，它可以发生在整个过程中的任一阶段。企业家精神最要紧的就是机敏地调整和坚韧地维持。创新创业的过程是漫长的。过程中常常有很多新的想法，产生新的价值，连接到某种新技术，产生新的应用。机会是多方面的，过程是很复杂的。创业者要掌握市场的变化，带领企业从技术研发到产品制造再到市场运营，最后获得利润，并使企业能长期经营。在这条漫长的路上，任何一个环节的失利都可能使创业者倒下，坚持到最后的寥寥无几。大部分科技公司创业成功时，原先的创业团队还留在公司的已经是少数。企业家的工作是艰巨的，个人风险是很高的，社会各方面应该多尊重并协助他们。

从宏观创新机制来看，政府要明确地利用政策工具将产、政、学、研四个方面的力量结合在一起。国家或地区远景的规划和发展策略的制定要经过学、研、产的诚挚参与，才能获得民众的支持。企业必须要有自己独特的主导技术，在市场竞争中才能有自主的力量。而这些主导技术应该是广泛听取专家的意见后才能确定的，这需要有机制的保障。关于社会创新机制的环境因素的说明[3]，见图 3-1。

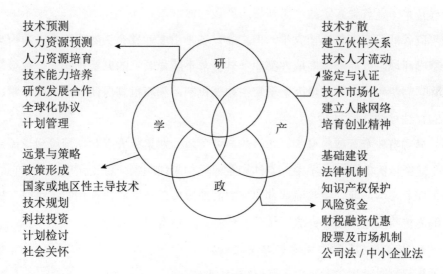

技术预测
人力资源预测
人力资源培育
技术能力培养
研究发展合作
全球化协议
计划管理

技术扩散
建立伙伴关系
技术人才流动
鉴定与认证
技术市场化
建立人脉网络
培育创业精神

研　学　产　政

远景与策略
政策形成
国家或地区性主导技术
技术规划
科技投资
计划检讨
社会关怀

基础建设
法律机制
知识产权保护
风险资金
财税融资优惠
股票及市场机制
公司法 / 中小企业法

图 3-1　宏观创新机制：环境因素

三、硅谷和新竹的创新

1. 硅谷的成功要素

美国加州硅谷是全世界成功的创新创业基地。硅谷成功的要素是什么呢？我认为最重要的是它的社会文化。硅谷提供了一个完美的创新创业环境[4]。去过硅谷访问的人会发现，硅谷看起来像是一个大学校园。这里蓝天白云，树木扶疏，交通方便，生活安宁。它的知识密集度很高，在大约 2000 平方公里的土地上，有三座世界一流的高等学府。半个世纪中，每十年就会出现一个新的主导技术，是名副其实的"高新技术产业摇篮"。

硅谷的研究工作源于大学，但产业发展是由工业界牵头的，而地方政府提供基础环境。世界上很多地方都想学硅谷，不断称颂它的创新成就，但很少注意到它的源头。其实环境因素孕育了创新机制，创新机制保证了产、政、学、研的良性互动。

硅谷有一个开放、诚信、守法的产业环境。斯坦福大学和斯坦福科学园可说是这个地区的主体。学生、老师和企业机构来往频繁，讨论切磋成为常态。多种职业服务专业、完整而互补。地方政府政策创新、简单、透明、公开。硅谷的文化特点是多元、开放、精致、质朴，具体有以下几方面。

● 知识机构：密集共存、频繁交流。

● 创新机制：产、政、学、研良性互动。

● 人才特性：多民族、多专业、高品质、高流动。

● 激励因素：以成效定报酬。

● 企业规范：敢于冒险，容忍失败。

● 商业环境：开放、诚信、守法。

● 风险基金：专业化，团队精神。

● 服务配套：专业、完整、互补。

● 政府政策：简单、透明、公开、辅助。

● 生活品质：多元、开放、精致、质朴。

良好的机制形成了十分有利于创新的氛围和文化，吸引了世界各地的精英来到这里，使硅谷成为一个多民族人才共融的地方。人才的流动会增加思想活力，为创新提供更多的机会。20世纪70年代，许多移民来这里求生存找工作。最近20年，他们的后代及一些新移民已成为硅谷重要的创业主[5]，他们聘用多种人才，提供就业机会。20年来，硅谷科技人员的平均收入是全美平均收入的2倍。美国授予硅谷地区的专利数居美国首位。《福布斯》500强企业中有40家企业在此设立总部。

在硅谷，人们心平气和，相互尊重，能够激发新的思维，让创业精神发扬光大。

2. 新竹财团法人工业技术研究院的创新

由于台湾岛内自然环境恶劣，资源匮乏，除非开发工业技术，否则难以在全球竞争中生存发展。1980—1990年，当局订立了一个重点技术开发计划，首先确立了四大关键政策技术——能源、材料、资讯、自动化，后来又扩展成为12项关键技术。当局提供相关研究经费给大学、科研单位，甚至是企业，去执行科技开发的工作。新竹的财团法人工业技术研究院（以下简称新竹工研院或工研院）就是执行这些关键技术的主要单位。当局制定政策、提供税收的优惠，吸引产业界投资相关行业，出台规定使台湾地区的投资者、创业者得到保护和尊重。1990年年初，在新竹工研院比邻，建立了新竹科学工业园区。在这种机制的作用下，新竹逐渐成为台湾地区的"硅谷"。这里的知名学府包

括"清华大学"（新竹）、交通大学（台湾）等，为科技园提供人才。进入
21 世纪，这些大学的经费增加得很快，使整体创新工作更为活跃。新竹工研
院当时开展了七八个重点技术领域的研究，每一个单项技术在台湾地区都处于
领先的地位，并将成果转化为产品。所以，新竹工研院被大众认为是高新产业
的摇篮。据 2012 年的估计，它所衍生的产业及移转技术所产生的产值占台湾
地区生产总值的 10% ～ 12%。

　　作为台湾地区最大的产业技术研发机构，新竹工研院引领了岛内工业经济
的起飞，它的运作模式现时在多处复制，在全球也是一个受人瞩目的课题。在
这里扼要地把它的背景和关键略为叙述[6]。

　　新竹工研院于 1973 年成立，具有双重身份。工研院设有董事会，董事会
里有产、政、学的代表。它的日常运营由院长负责，像公司一样，院长就是
CEO。新竹工研院有很清楚的定位，它不能授予学位，也不能从事营利性的工
作。因为如果它能授予学位，就会与当地大学产生竞争。新竹工研院与大学相
互尊重、互相配合，可以使更多的学生受惠。新竹工研院不能营业获利，所以
和企业界不是互相竞争的对手，而是战略合作的关系。财务均衡是新竹工研院
早期的关键绩效指标之一。只要从"政"获得一定数量的基本研究经费，就必
须从"产"吸纳同等数量的技术开发服务资金。这从财务层面促使新竹工研院
和企业界合作。这样的机制保证了新竹工研院的工作不会和产业界脱节，也不
会完全被政府左右。

　　新竹工研院从市场角度筛选值得投资的技术，用财务政策规范投资范围。
首先将技术明确分类。A 类技术是崭新的，在世界其他地方还没有产业化的；
B 类技术是已经在其他地方产业化的，但台湾地区尚未进入此领域；C 类技术
是在全球产业界已经处于竞争态势之中的；D 类技术是已经完全产业化的。换
句话说，A 类技术是具有长期性和包容性的重大技术，可以开拓新的领域，显
然是要当局出资来推动的。B 类技术需要当局和产业界共同出资，以争取提高
在全球市场上的竞争力。C 类技术的资金大部分来自产业界，由它们自发投入。

D 类技术则完全利用产业界的经费，这是服务性的工作。

在这个筛选体系下，技术工作自然以应用为主体。新竹工研院筛选技术的要点是：技术是否能具体描述？此时开发是否有竞争优势？是否有产业界的参与？它的经济可行性是怎样的？从中可以看出："新、高、精、尖"这样表面化的形容词并不是新竹工研院筛选技术的重点，重点是技术的必要性、可行性、扩散方法及企业伙伴。

换句话说，新竹工研院并不是做完了技术开发后就去开公司，最要紧的是希望技术开发完成后有企业来接手，像接力赛一样，从而完成技术转化。这样技术才能迅速地转移到产业界使用。假如工研院的人开发完技术，接着去商业化，那么工研院会有很多人员流失。而这些人员大多是科学家或工程师，都是创业新手，创业成功的概率可能不高，所以新竹工研院不采取这种策略。

新竹工研院如何处理与员工的关系？激励是基本原则。和许多大型的企业一样，工研院重视研究人员的绩效评估。它的主要指标是：所开发的技术是否已经产业化？产业化的成果如何？过程中有没有获得新的专利？这些是评估的重要因素。总的来说，员工的绩效考评指标要和机构的发展目标和战略一致。新竹工研院所做的研究是创新型的，极少数是基础科学研究，产业化是企业的责任。所以在制定员工绩效考评体系时，发表文章的数量以及短期所增加的财务收入都不是衡量员工业绩的重要指标，技术专利及专利运用情形才是院方一直关心的指标。

上面讲了研究项目的选择标准：目标要具体，有特色，有清晰的市场定位，经济可行，有明确的转化过程，有合作的产业界的伙伴。更重要的是，每个项目必须要有一个能执行的领导者。再好的项目，如果没有好的领导人，是很难成功的。新竹工研院的团队执行能力和技术的不断优化使自身能契合市场，是它的竞争力所在。也正是由于新竹工研院定位清晰，并能激励员工将宗旨和目标有效地落实，因此现在台湾地区的工业产品中有 30 多项的销量是全球第一，集成电路是其中的佼佼者。全世界大约 60% 的集成电路都是由台湾地区生产的，而这些产品中很多是在新竹工研院协助的企业里制造的。

新竹工研院不只聚焦于集成电路这样新技术含量高的产品，也致力于提高社会认为很平凡的"夕阳"产业的技术内涵，赋予它们新的生命，例如自行车产业。以前台湾地区的自行车销往全球主要都是代工贴牌，很少有自己的品牌。生产自行车的企业利润很低，在整个供应链中并没有什么议价的空间。因此新竹工研院在 1988 年向自行车行业推荐了一种新的材料——碳纤维和环氧树脂复合材料，辅助它们设计、制造和检测。这种材料又轻又牢固，在当时全世界同业中也是先行者，不久就成为企业标准。自行车是旧的产品，但是新的材料使这个产品获得了新的生命力。20 世纪 50—70 年代，一辆台湾地区制造的自行车在美国可卖 50～60 美元；70—80 年代，大概可以卖到 100 美元；90 年代新产品面世，一辆自行车的价格提升至 2000 美元。而最近许多有着独特用途的自行车产品，标价可在 5000 美元左右。这样大幅增加的利润，对台湾地区自行车产业的贡献是很清晰的。

此外，许多新兴企业的经营、传统产业的转型等，新竹工研院在人才方面都提供了很重要的支撑。慢慢地，新竹工研院变成世界上较有名的机构，因为它培育了很多全球知名品牌和人才。

四、美国国家创新机制的评述

前文讲过美国硅谷的创新，下面从产、政、学、研四方面对美国整体的创新机制做一个简略的评述。

1. 大学

美国高等教育的水平，无疑居世界前位。就学生培养、学生就业、教授水平、研究水准、社会效益、产学合作等多方面的参数比对，全球前 100 名的大学约有一半在美国 [7]。

美国在第二次世界大战后经济转型迅速，与大学系统之成就有直接关联。20 世纪的三个重要科学创知——量子科学、分子生物科学、计算机科学，分别在西欧及美国诞生，但总其成者以美国大学为主。其所衍生的重大技术发展，如集成电路、激光、光纤、自动化科技、自动化制造、电脑辅助工程、新能源、新材料、遗传工程、生物医药工程、云计算、大数据、3D 打印、无线通信、网络技术、人工智能等，均在美国高校中发扬光大。

美国教育的优势在 20 世纪中叶以前大都体现在私立大学中，如常春藤联盟学校。二战以后，公立大学如加利福尼亚州、密歇根州、伊利诺伊州、纽约州等的州立大学也取得大幅度进步。现时常春藤联盟各校与上述各主要州立大学名列全球前列。这些名校大都采取国际化路线，每年从国外招收大量优秀学生，并逐渐与境外若干大学结为联盟，在世界各地设立分校或分支项目课程，如 EMBA（高级管理人员工商管理硕士）、工程硕士等。这些名校的做法一方面为广收优秀生源而扩展大学影响，另一方面为学校争取资源以利研究发展。

美国私立大学与公立大学的分野已日渐模糊，因为所有私立大学在研发方面都有州政府、联邦政府的经费辅助，而各州立大学也积极争取私人捐赠或与企业合作，以拓展教育及科研工作。至于大学知识产权之授权及对产业界提供技术服务等，已逐渐成为公立大学、私立大学的经常性业务，成为展现其社会效益之一端。

美国高等学校素来以国际合作为第一重要策略，通过人才培育及科研合作，各方互利互惠。美国许多大学里的重要科研项目均有外国学生、学者参与，使得进展加速，进而建立起美国在全球的科技领导地位。

美国的高等教育虽然发展良好，但因社会多元化、经济成本提高、政治压力变大，仍然面临不少挑战。实际上此为大学教育的历史性课题，即学生招募、学费降低及结果保证之间的关系甚为复杂，挑战极多 [8]。孔子是中华民族两千多年来所尊崇的"至圣先师",其实他是最早从事私人教育,实施个性化教学、效益评估的教育家。对这些现代所遭遇的教育困境,他都有超越时代的看法(本书第八章将就此进行讨论)。

2. 产业

自 20 世纪以来,汽车、铁路、飞机、石化、电气、机械等技术产业相继蓬勃发展,技术创新渐渐成为经济的主流。熊彼特所倡言的破坏性创新及企业循环在美国得到明确的验证。20 世纪 60 年代以后,半导体、集成电路、计算机硬件与软件及应用随之而起,引导电子商务的崛起。1990 年以后,网络技术、无线通信技术更使电子商务、社会网络的应用如虎添翼。所以根据美国的创新机制,在熊彼特的第三波至第五波创新循环中,产业界无疑是社会经济的领导者。大学与企业间的紧密合作,使美国登上了全球科技与经济的高峰。

从 20 世纪末起(大致从 1980 年起),美国许多产业因为极度发展而开始懈怠,腐败渐生,导致经济效益降低,引发的环境生态问题日益严重。以日本为代表的亚洲国家及地区逐渐向美国产业发起挑战,中国、韩国、新加坡在全球产业供应链中发挥着重要的作用,美国在世界产业链中的领导地位受到冲击。

以个人为主体的创业家在 20 世纪中叶以后成为美国产业的重要支柱。因为主流企业日益庞大,管理效率低下,对市场环境的变化失去敏感度,对企业内部创意创新支撑力弱,所以重要的创新创业来源多在大企业之外。如诺依斯、摩尔、乔布斯、盖茨、贝索斯、扎克伯格等众多创业家,凭其远见及毅力建立创新团队,塑造企业文化,辛勤努力,不避困难,终于带领企业取得成功。美国的传统产业领导者如通用汽车、通用电气、美国电话电报、施乐、柯达,以及若干传统型办公室计算机业、轨道交通业等企业相继淡出。美国今日之经济力量虽仍为全球之首,但其国内企业的结构已与 50 年前迥异。在美国,今天的产业领军者已是"70 后""80 后"甚至"90 后"的青年才俊,他们的创新创业活动推进了社会经济的发展，逐渐成为经济的驱动力量。

3. 政府

政府在创新机制中的作用主要为国家或地区远景政策及策略之制定，研究资源之筹措，以及配套规划之修订等。20 世纪中叶以后，美国国力为全球之首。

在肯尼迪之后，美国历任总统无不定立重大远景目标，如癌症控制、消灭艾滋病、信息高速公路、人类基因组计划、纳米技术等。此等国家性目标，均以政府为主导，产、学、研各界一呼百应。若干项目虽未完全达成目标，但也已产生重大效益。

美国近十年来重要的技术项目，如网络科技、云计算、大数据、人工智能、无人驾驶汽车等，都由产业界及学术界自行开发，美国政府通过国家自然科学基金会或商业引导而有所着墨，但未有重大推动效果。根究其原因，在于二战以后美国政府的科技政策。

第二次世界大战结束之初，罗斯福总统鉴于"曼哈顿计划"对完成国家目标的贡献，要求白宫科技办公室拟订方案，研究如何重组各参与单位，使其对美国经济提供推动力。当时其首席顾问布什博士（Vannevar Bush，麻省理工学院工学院原院长）建议就各地国家科技单位组成若干国家实验室，致力于核能发电、电厂安全维修、能源有效运用、新能源开发应用等。由国家科学基金会为各研究所提供经费，支持基础科学研究。布什博士的立意甚佳，但过分关注基础研究与应用研究的分野，极力主张国家经费应投在基础科学研究，其他应用研究经费应由产业界自筹。他未能注意到在国家经济发展过程中，创知、创新、创业虽存在不同，但应互相协调配合。如果将三者断然分为三部分，彼此不相联系，则将失去整体效率[9]。美国政府过去 30 年在科技创新方面未能发挥重要的领导作用，与过分区分基础研究与应用研究有很大关系。美国近几十年重要的科技发展，一概由产业界、大学自行运作，未能尽收交融之功，使发展中国家和地区获得了迎头赶上的契机。当然，从人类社会的进步来说，这未尝不是一件好事!

4. 研究

（1）政府资助单位

如上所述，美国的企业多注重研究发展，并扩展到产品开发、制程设计、品质管理、售后服务等。各行业每年用于研发的投资为营业额的 1%～10%。其中，石油矿产业的研发投入占比偏低，生化制药业的占比较高，其他行业如材料、机械、电子为中等水平。但企业多不能做长期研发工作。美国若干国家性研究机构，如阿贡国家实验室（Argonne National Lab）、橡树岭国家实验室（Oak Ridge National Lab）、劳伦斯伯克利国家实验室（Lawrence Berkeley National Lab）、劳伦斯利弗莫尔国家实验室（Lawrence Livermore National Lab）、桑迪亚国家实验室（Sandia National Lab）等，各有侧重点，定位及角色较不明确，虽然人才济济，但潜能仍未充分发挥。此等机构归属联邦政府资助的研究发展中心（Federally Funded R&D Centers，FFRDCs），在美国已有 40 多所 [10]。其经费均在政府各部编列，分由不同的非政府组织负责管理，以期将各研发单位独立于政府官僚体系之外，以提高研发及创新效率。

目前美国 FFRDCs 的管理单位，均与政府各部有契约关系。其主要代表为麻省理工研究工程公司（MITRE）、兰德（RAND），以及若干学术单位如麻省理工学院、芝加哥大学、普林斯顿大学、加州大学伯克利分校等，此外还有若干独立法人。各研究单位的运作方式不一，甚为复杂。实际上，美国 FFRDCs 创新潜能甚高，如能革新组织及管理，其研发力量将成为美国国力提高的重要因素。

（2）民间组织——贝尔实验室

美国电话电报公司于 1925 年设立贝尔实验室（AT&T Bell Labs），以增加电话电报效率为目标。其组织庞大，在 1990—2000 年的全盛时期，博士级研究人员有 2000 人左右。因公司在电信业界为"龙头大哥"，经费充足，又赋予研究院充分自由从事科学研究，故贝尔实验室在物理、化学、电信、材料、电子科技方面均有优异的成就。肖克利、巴丁与布拉顿因在固体物理方面的成就，于 1956 年获颁诺贝尔奖，为贝尔实验室的先行者。贝尔实验室的其他重大发明包括激光器、电荷耦合器 CCD、太阳能电池、通信卫星以及蜂窝组网理论、二进制计算机、UNIX 操作系统、C 语言等，都是可以傲视全球科技界的成就。贝尔实验室一共有九项研究获得了诺贝尔奖，四项研究获得了图灵奖。但是贝尔实验室历任母公司都没能利用任何一项科技成就做好商业化的工作。贝尔实验室在近百年的历史中总是冠上母公司的名字，最熟悉的全名应是美国电话电报贝尔实验室，其后有朗讯贝尔实验室（Lucent Bell Labs），还有阿尔卡特贝尔实验室（Alcatel Bell Labs）。但 2016 年，其母公司已为芬兰诺基亚公司并购，贝尔实验室改名为诺基亚贝尔实验室（Nokia Bell Labs），其原来代表的美国科技光环已经成为往事。可见，优秀的研究机构也不能拯救它的母体。科技创新产业化的过程真是非常困难！

（3）民间组织——帕克研究中心

无独有偶，位于加州硅谷帕克（Palo Alto）镇的施乐帕克研究中心（Xerox PARC），是施乐公司（Xerox）在 1970 年成立的，以开发电子计算机相关数字化的技术及系统为主。帕克研究中心成立之后，有很多非常优秀的人才加入，开发了许多重要的技术，如激光印刷、以太网、图形用户界面及早期的个人计算机等。然而施乐公司以保持本业复印机行业领导地位为重，未能顺应市场的改变而调适策略，举棋不定，进退维艰，施乐帕克研究中心的所有优秀创新始终不能成功实现商业化。施乐帕克研究中心在 2002 年已做重大改组，在施乐公司外寻找其他投资伙伴，现在其 50% 的股权为其他国际公司持有，包括三星、波音、宝洁、谷歌、巴斯夫、本田汽车、大金等，名称改为帕克研究中心（PARC）。如何在极端异质化的各股东之间取得平衡和发展，为帕克研究中心的一大挑战。现时研究中心的研究项目，包括人工智能、人机合作、物联网、数字设计与制造、微小系统及智慧元件等。

乔布斯在 1979 年开发苹果公司新款电脑时，曾带队访问施乐帕克研究中心。当时施乐在美国东部的总部要求加入苹果电脑公司成为投资人，乔布斯则要求施乐向他公开施乐帕克研究中心的研究成果。于是，乔布斯得以了解了图形用户界面，并迅速把图形用户界面的精要置放在此后的新产品中[11]。这是创业家吸收创新资源的一个成功案例，但其过程不无可议之处。

五、中国国家创新机制的体现：中国高铁

1978 年，中国共产党召开十一届三中全会，做出把党和国家的工作重点和全国人民的注意力转移到社会主义现代化建设上来，实行改革开放的伟大决策。

那时中国的创新机制主要通过中国科学院、国务院各部委及地方政府所属的科研单位，以及国家重点大学等系统平行执行，极为庞大，运作复杂。各系统单位的经费来自国家，执行科研商业化的费用也多仰仗国家资源，以达成行政目标为重，故多偏离市场经济需求。

直至 21 世纪后，信息产业及网络产业成为主流，此情况方有重大变化。腾讯、华为等公司为谋求在国内及国外市场的生存并竞争地位，相继发展科研创新力量。公司各自定立其目标、策略、商业计划并完善企业化管理，成绩斐然，开创新局。今日中国在国际网络应用、云计算／大数据、电子商务、社交媒体、5G、人工智能以及区块链等领域，取得了傲人的成绩。

以国家为主体领导的创新，具体落实者是中央政府各部委，其目标较为清晰，执行较有效率，如航天探索、深海应用、地震防患、生态保护等都有重大进展。其中高速铁路的发展可谓突飞猛进，最为瞩目。

1993 年，中国铁路总长约 58500 千米，平均速度约 49 千米／小时。铁路

交通是国家基础建设重要的一环。鉴于日本 20 世纪 50 年代后半期开始开发的新干线高铁,以畅通人流物流,后来成为日本国内经济民生的重要血脉,中国政府决定将铁道交通确定为未来国家发展的一个重点。1996 年在国家的"九五"计划中,确定要对既有的铁道做一个"大提速"。同时在 2010 年国家远景目标纲要中,明确表示要集中力量,在 21 世纪前 10 年建设一批对国民经济和社会发展有全局性作用的工程。由此,建设京沪高铁等线路,使之成为大客运量的现代化运输通道,成为国家远景的重要部分 [12]。

到 2004 年,中国已有 74400 千米的铁道,平均运行速度提升到 65.7 千米 / 小时。在这一时期,中国的高铁技术仍未成熟,所以从国外引进技术与合资制造成为政府的一个重要政策。合作的对象包括加拿大的庞巴迪(Bombardier)、日本的川崎重工(Kawasaki)、德国的西门子(Siemens)和法国的阿尔斯通(Alstom)。通过技术引进和消化,到 2007 年,中国铁路再次大提速,最高运行速度已提高至 250 千米 / 小时。2008 年,北京至天津城际高铁投入运营,最高的速度达 350 千米 / 小时,已经可以与德、法、日三国的民用高速铁路相媲美。

为了提升国家自主创新的能力,2008 年 2 月科技部与原铁道部共同签署了《中国高速列车自主创新联合行动计划合作协议》,其中 3 项目标包括突破当前技术瓶颈,支撑未来持续发展,实现引领世界目标。这实际上就是中国高铁的短、中、长期发展目标。两部委共同确定了国家创新机制,明确了"产、政、学、研"各方的定位和分工。

在"学"方面,计有清华大学、北京大学、北京交通大学、西南交通大学、西安交通大学、中国科技大学、哈尔滨工业大学、重庆大学、郑州大学、中南大学等 25 所。在"研"方面,计有中国铁道科学研究院、中科院软件所、金属所、力学所、化学所、电工所等 11 家院所,另有国家重点实验室 31 家,国家工程实验室 / 研究中心等 20 家。至于"产",则有三大主机厂唐车公司、长客公司、四方公司,以及七大核心配套企业等。这三方面参加的人员,计有院士 68 人,教授 500 多人,研究员 2000 余人,工程技术人员上万人。"政"方面,除由科技部、原铁道部在国家级政策、规划、协调方面发挥作用外，设立中国国家铁路集团有限公司负责铁路运输统一调度指挥[13]。

京沪高铁自 2008 年 4 月 18 日动工，至 2011 年 6 月 30 日通车正式商业化运营，用时 3 年 2 个月，为世界同业最快纪录。此线全长 1318 千米，设计最高时速 380 千米，京沪之间只需约 4.5 个小时即可到达。因为铁路线经过黄河、淮河、长江三大流域，地质复杂，其间山脉农田密布，所以全线 87% 以上采取桥梁高架方式建设，均为无砟轨道。这条线路在电联高速装备的使用、隧道桥梁建造、自然环境保护、农作渔作的维护方面均有重要的技术创新[14]。

京沪高铁正式运营后，以安全、舒适、服务周到著称，极受乘客欢迎，成为全球最繁忙的高速铁路。到 2017 年，京沪高铁载客近 1.8 亿人次，已超越日本新干线（1.59 亿人次）及法国高速列车（TGV）（0.92 亿人次）、德国调整列车（ICE）（1.41 亿人次）的载客量[15]。京沪高铁乘客数变化如图 3-2 所示。

据公开报道显示，京沪高铁线总投资（包括债务）为人民币 2200 亿元，净资产 1815 亿元，年营业额约 234 亿元，净利润 65.8 亿元。京沪高铁线应为目前世界上获利最高的铁路线。其他社会效益，如促进城市连通、提升区域发展、减少污染排放、提高生活品质等，亚洲开发银行均有深入评估[16]。京沪高铁由政府领导，工程人员专业化执行，是中国以技术创新造福社会的最佳典型。

2010 年香港理工大学以其持有的光栅传感检测技术为主体，另加电子、土木、机械、环境、材料工程的专业人才，会同四川西南交大铁路发展股份有限公司的专家，参与京沪高铁若干路段的营建工作。此项技术处在世界前沿，且有知识产权，在京沪线建成后被推广用于高铁系统其他路线。2016 年，科技部在香港理工大学设立国家工程技术研究中心，推动有关轨道交通自动化技术及安全健康监测系统的研究及应用。香港理工大学成为中国高铁发展国家创新体系的一员，为国家重大建设做出贡献。由此可见中国高铁广征新知、结合各方力量的政策[17]。国家创新机制中的重要角色"政"，在统筹资源、创造条件、建立机制等方面发挥了特别重要的作用，使各方人才共同实现国家愿景。在京沪高铁营建过程中，创新机制所发挥的力量最为明显。

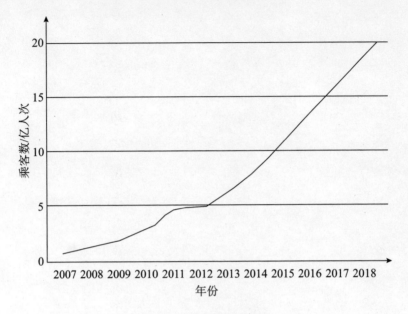

图 3-2　京沪高铁乘客数

2018 年以后，中国高铁的各项组成技术，如车辆、轨道、路基、桥梁、电信、控制、信号、传感、转向架、电力牵引及其制造等，都已具备自主创新能力。中国正积极向世界推广中国高铁的技术，已在土耳其、匈牙利、印尼、老挝、泰国、巴基斯坦、俄罗斯等国家及地区，与当地政府进行合作兴建高速铁路。中国高铁已成为中国崛起的一个重要标志，成为"一带一路"倡议的一项重要支撑。

在京沪高铁规划前期，国内科技界人士对快修原有路线与营建新高速路线之间的经济价值进行比较，讨论甚为激烈。最后，政府为国家长期发展决定营建新高铁线路。其后相关人士又为技术制式，即使用磁悬浮式还是轮轨式发生极大分歧，幸而经各方讨论验证之后意见趋于一致。2008 年新高铁线路得以动工。由此可见创业维艰，得来不易。京沪高铁正式运行至今，各项指标均告达成，可谓不负众望，终成国家创新机制及经济建设的重大亮点。

第四章

商业模式
与
商业计划

实现梦想　创造价值

许多有兴趣创业的科学家或工程师，对他们所拥有的技术沾沾自喜，自视极高。但对如何商业化却只有表面的了解，觉得不懂商业模式是理所当然的，他们不屑或不好意思去追根究底，锱铢必较地计算产品成本和利润。许多人不知道如何用企业的方式实现自己技术的商业化。

　　"我的技术举世无双，产品具有特别功能，这是实实在在的硬实力，难道还不够吗？"这是很多科技专业人士心中的困惑。但是光有技术或产品实在是"不够"的，很多人不了解创业的意义。

　　1997年我出任香港科技大学主管科研及推广的副校长，任务之一就是协助教授及学生们创新创业。这个工作是当时的校长吴家玮十分看重的。吴家玮是一位很有远见的物理学家，在美国加州的生活经历让他对硅谷的成功极为向往，希望我能以在新竹工研院及新竹科学园区的经验，和他联手，把一些创新创业的精神在香港回归祖国的历史性时期带到香港和珠三角，给这个地区的科技与产业创造一个新的未来[1]。这时霍英东、何思铭两位前辈在珠江口的南沙已经经营多年，做的大都是传统企业，如酒店、旅游、交通运输等。他们希望香港科技大学建立一个示范，作为香港和内地的科技创新合作的起点。所以我们和广州市合作，在番禺南沙区（现南沙区为广州市辖区）设立一个"南沙资讯科技园"，成为未来香港/珠三角创新创业的基地[2]。大学里的教授听到我们对创新创业的宣传，许多人跃跃欲试。可我告诉大家，他们的计划必须在技术以外具备两个条件：一是有周密的商业模式和运营计划，二是有具备执行这个计划的能力的领头人。

　　如何向不同背景的科学家或工程师解释运营计划？这就是我第二章所提

到的牛肉面的例子：如果一个人拥有世界上最优越的牛肉面技术，将如何实现商业化盈利呢？开个牛肉面店，卖牛肉面罐头，还是做真空冷冻牛肉面？这要考虑从制造到销售的整个过程，以及人力和资金的配置等。还有，谁去管理这个新创项目？你有决心离开大学"下海"吗？

为什么拥有优越的技术或新颖的产品不等于能够成功商业化？因为技术拥有者自诩的高、精、尖、新，不见得是顾客真正需要的，也就是说，不一定有经济价值。商业模式和商业计划就是认知和体现科技的经济价值的方法。

一、商业模式

简单来说，一个好的商业模式是企业与顾客互相依存的框架[3]，它描绘了企业对未来发展的愿景，规范了企业在社会环境中如何创造价值并谋求持续发展的方式。

关于商业模式的拟订[4]，我们必须先就下列问题好好思考。

①此技术（或产品）提供给顾客（消费者）的价值在哪里？是新功能、高品质、低价格、好时效，还是其他价值？

②如何包装这些价值，释放这些价值？

③这些价值与现在市场上的其他产品有何差异？这些差异性能否量化？

④市场中其他供应者的竞争优势何在？

⑤顾客如何付款？有没有第三方介入？

⑥如何与顾客建立可持续的关系？

在这个商业模式下，如何实施各项方案？如何筹划资源，配备人力？如何实实在在、按部就班地去推动？如何在一定时期内达成各项运营的目标？这就是商业计划。

二、商业计划

一个优良的商业计划，首先必须回应商业模式所提出的各项有关市场的问题，再拟订商业目标，规划实施方案，包括人、时、地、资金等各项因素的匹配。它一般应包括下列几个部分。

（1）市场

● 市场的需求及量化预测。

● 公司提出的回应需求的方案。

● 对现时市场中竞争者的分析。

● 市场规模及销售渠道。

● 实施中可能遇到的风险。

（2）营运

● 产品制造计划。

● 销货及物流管理。

● 技术支持计划。

（3）财务

● 资金来源。

● 财务分析及预测。

● 现金流量预测。

● 投融资及风险分析。

● 退市机制。

（4）人力资源

● 团队及分工。

● 领导及组织。

● 绩效评估及分析。

● 企业文化。

三、常见的商业模式

1. 银货两讫

这是"一手交钱，一手交货"的最简单的贸易模式，常见于民生货品的买卖行为。随着经济发展及生活形态的改变，这个模式也有不少改变。在卖家方面，以往多为"货品出门，概不退换"，但现时为争取顾客的信任与持续往来，许多卖家放宽退换的限制，甚至不问原因只看退换货时限。买家付款时除现金外，也可用支票、信用卡、银行转账或通过电子商务的扫二维码付款。这是老模式的新变化，但万变不离其宗。

2. 先订后结

有些工业产品不见得有足量的存货，买家得先付定金或信用证，卖家可以此向银行做抵押融资，以购买设备、原料或聘请人工，再制造所需货品或组件，送达买家后再清结账目。这是工业经济中常见的模式，也是新创企业能够生存发展的重要方式。这种模式现在也有许多变化。例如买家的信用证常不是交货之日兑现，而有若干时间的待付期，买方必须多付些利息而后完成交易。待付期常依主导者而定，受若干不公平贸易因素影响。

3. 先玩后付

这是分期付款的模式。卖方急于将货品脱手，买方尚未有充足的资金，卖方愿意先将货品交付，买方承诺于合约期间内分若干期付款。这个模式对买方有利，但卖方很可能将货款交由银行或其他金融机构承接。此方式的变化因素为利息的计算方式及付款的分期数。利息如为单利，则较简单；如为复利，则分期数越多，买方总的负担就越大。该模式对买方来说短期看来虽然较好，但长期则要多付利息。利息再加利息，最后总贷款额的大部分可能是利息而非本金。现时汽车及房屋的买卖大都是以此方式进行的。此外，卖方将贷款转介给贷方因有佣金可赚，故许多制造业逐渐变为财务/金融服务业，最后或与技术/制造逐步脱节，生产产品变为其盈利的一个过程，其中隐患甚多。

4. 玩而不付

这是互联网流行后产生的一种模式，消费者常从网络上得到信息甚至服务，而且都是免费的。开始的时候，消费者有坐享其成的感觉，但使用此产品（如一些门户网站）成了习惯之后，视窗上会经常出现广告，有时广告比文章更多。许多广告甚难摆脱，用户被强迫观看，若不慎错按一钮，便可能成为买家甚或债务人。所以"天下没有免费的午餐"，这种模式也是一些新创企业营收的途径之一。

5. 先饵后钩

这是摆明的请君入瓮、引你上钩的模式。例如卖家先以低价吸引消费者购买产品，但其产品使用一段时间后需要更换零部件（消耗品），更换时卖家便索要极高的价格。前面的是饵，后面的就是钩，消费者自然是那因贪吃饵而上钩的小鱼。这在工业产品的商业模式中屡见不鲜，如刮胡刀与刀片、即时相机与胶片、打印机与墨盒、手机与服务套餐等。

这个模式的要点在于定价的标准及货物的品质。如果上述那些刀片、胶片、墨盒或服务套餐之类真是物美价廉，已照顾到消费者利益及尽到社会责任，那整套产品便是优良的创新产品。如果它们的品质是粗劣或者价格是奇高的，相信终究会被其他产品淘汰。如果等而下之，商家游走在道德的灰色地带，甚至触碰法律的红线，终会坠入法网。

6. 授权执行 / 特许经销

一个供应商为了使其企业快速成长，将其知识产权进行授权，让被授权者在各地经营。在这种模式中，授权者及被授权者有清晰的权利义务关系，成为企业上的伙伴关系。企业中利用此模式最成功的是麦当劳，后文将有说明。

总之在考虑商业模式时，所需注意的是企业的环境（environment）、策略（strategy）、组织（structure）、运营（operation），有学者称之为产业模式的 ESSO 关系。

7. 互联网平台

自从互联网被广泛使用后，许多买卖双方的新商业模式如雨后春笋般出现，通用者有 B2B、B2C、C2C 等及其变形。

近年，以商业模式 / 商业计划为创业成功关键的企业甚多 [5]，也有许多世界性企业因未能适时调整商业模式或商业计划而走上溃败之路。又有许多小企业因详悉市场变化，能迅速改变其营业模式而成为全球性企业。下面各选择一二案例，略为说明。

[实例一]　麦当劳：以商业模式创造国际速食文化

1. 国际速食文化龙头

麦当劳是世界上最大的餐饮连锁公司。以 2018 年为例，在 100 多个国家和地区，每天约有 6900 万人光顾麦当劳的 38000 个餐厅。它在全球雇用了约 1700 万名员工。麦当劳 2018 年的营业收入约是 210 亿美元。

1940 年，理查德·麦当劳和莫理斯·麦当劳兄弟在美国加利福尼亚州圣贝纳迪诺市创立 DicK and Mac McDonald 餐厅。餐厅提供简单但高品质的汉堡、法式薯条、苹果派和咖啡、软饮等，极受欢迎。1954 年餐厅已扩展至 6 家分店。此后餐厅继续扩张，并采用"金拱门"为标志。1955 年，雷·克洛克（Ray Kroc）加入经营团队，负责改善食谱及公司运营状况，并向各地拓展公司经销授权。

此时美国国内高速公路系统快速成长，汽车用量剧增，麦当劳的金拱门标志在美国中西部到处可见。到 1960 年，公司已拓展到 102 家连锁店。雷·克洛克正式将餐厅更名为"McDonald's"。1961 年公司一共卖出约 100 万个汉堡包。因经营理念的不同，雷·克洛克以 270 万美元收购麦当劳兄弟餐厅的全球权益。雷·克洛克及其助手哈利·索恩本（Harry Sonneborn）得以全权经营麦当劳。公司名称及金拱门标志不变，但总部迁至芝加哥，以便于在美国国内扩展。

雷·克洛克和麦当劳兄弟经营理念的差异主要是商业模式和商业计划的不同。麦当劳的经销授权有一个重要的元素，就是分店的土地及建筑归总公司所有，即总公司购买土地、建造餐厅，使其统一而有特色。经营者只需付月租、授权费与总公司利润抽成。这个政策降低了分店的启动成本，让公司成为有固定租客的东家。麦当劳总公司拥有全公司 90% 以上的资本投资及 1/3 的年度营收，在土地及固定投资上有可观的回收，公司得以稳健发展。这个模式归功于雷·克洛克及哈利·索恩本的远见。

1965 年，麦当劳公司首次公开募股（IPO），每股定价为 22.5 美元，发行当日收盘价为 30 美元，此后步步高升。公司每年都有标准以上之红利发放，更促使股价上扬。公司 2018 年的平均股价约为 145 美元。麦当劳公司首次公开募股时每张股票（100股）价值2250美元，经过14次股票膨胀及分割（stock split），到2010年其价值约为570万美元。因经营成绩优异，麦当劳公司在1980年被列为道琼斯指数成员股。1988年4月，麦当劳全球餐厅数已超过1万家，1996年总数超过2万家，2018年约为3.8万家。据统计，麦当劳公司每年全球约增加2000家新餐厅。

2. 商业模式与商业计划的弹性调整

麦当劳公司的卓越成绩主要来自其商业模式、商业策略及商业计划的运用[6]。

产品设计。麦当劳的产品保持在20项左右，既简单又有选择性。为使公司集中精力于核心产品，麦当劳退出在餐饮业的其他投资，力求品牌单纯化。

供应链管理。麦当劳采用全球采购，通过严格的标准以确保产品卫生、新鲜、可靠。除此之外，物料的储存、传送程序均有相应的检测标准。

制程管理。产品的最后工序均在餐厅完成，各种操作如面包如何切开、薯条油炸温度及时间的控制、人员的卫生要求等都有标准规范。

品质管理。麦当劳产品到顾客手中均有一致性、可期待性。产品到客户手中之后如有更换，将新食品交付客户后，原件不论原因即予销毁。此为增加顾客对食品的信心。

创业精神。麦当劳实行经销授权制度，经销餐厅为庞大公司的基本运营单位，均有精力充沛的创业者负责执行，共享利润。创业者均为餐厅附近社区成员，均有服务乡梓的愿景。

顾客服务。除产品本身必须得到顾客满意外，餐厅环境应洁净、舒适、安全。例如汽车餐厅等，均应回应顾客需求，以使顾客宾至如归、乐此不疲，视麦当劳为其生活中的一部分。这种服务心态与经销授权制度有关，因各分店店主均为中小业主。

公司文化。主动、热情、开心、授权。麦当劳的每家餐厅均有一致性、连贯性而不失其自主性。每家餐厅均以"尊重他人"为员工的行为准则。

财务管理。公司有固定租金及授权费收入,此为维护公司财务健全的重要因素。授权制度可使分店管理者保持旺盛的进取心。

人才训练。公司在芝加哥、慕尼黑、伦敦等地设立了"汉堡大学"。被授权者及高层经理人员均要接受"汉堡大学"的集中训练,了解、熟悉麦当劳的公司文化、政策、运作模式、规范等。

全球化。麦当劳的餐厅现已遍及全球 100 个国家和地区,在各种种族、文化、宗教中均能适当调整其菜谱及管理方式,大受欢迎。英国《经济学人》周刊于 1986 年首创"巨无霸指数"(Big- Mac Index),即以麦当劳巨无霸的价格为各地货币购买力的量度,可反映各货币的购买力及其走势。麦当劳产生了一种快餐文化,改变了一些人的生活形态。做法复杂且讲究火候的中国美食也有仿效麦当劳而以快餐面目出现的,可见这种饮食文化影响之大。

[实例二]　柯达:成在商业模式,败也在商业模式

1. 以差异化的商业模式为优势

伊士曼柯达公司(简称为柯达公司)1880 年成立,以制造照相机及胶卷驰名全球。它在精密机械及卤化物显像技术方面的专利非常多。在整个 20 世纪,柯达胶卷风靡全球,是美国技术的一张"名片"。柯达公司制造与相机和胶片有关的多种产品,如柯达彩色胶卷、柯达 35mm 暗盒、柯达相机、柯达反转片等,是许多人必备的居家旅行用品,其生产的工业相机也同样重要。

柯达的商业模式主要是鱼饵与钩,即以贩卖低价的相机吸引消费者,继之以较昂贵的消耗品(胶卷、显影试剂、相纸等)谋利。从 20 世纪初期到 80 年代,柯达在美国胶片市场的占有率为 90%,在相机市场的占有率为 85%。柯达公司的高层认为这个商业模式是柯达的核心竞争力,因此紧守着这个商业模

式绝不轻言改变。柯达公司的科学研究工作其实非常活跃，水平亦高。除了保持在上述两个领域的领导地位外，柯达是第一个发明数码照相机的公司，并拥有多项专利技术。

20世纪中期，日本的富士胶片（Fuji film）开始在世界市场中崭露头角。柯达认为它是无名小卒，不以为意。1984年，富士胶片赢得洛杉矶奥运会赞助权，在各种广告中大放异彩，并以价格低廉为卖点在美国市场站稳脚跟，稳步发展，终成柯达的心腹大患。然而柯达公司回应的策略均以价格为手段，却不知正好落入日本厂商的圈套，因为日本企业更擅长以低价取胜的战术。柯达公司此后再也不能阻止富士胶片在美国市场的公然挑战。

2. 固守商业模式而僵化

柯达公司20世纪90年代初如果能在数码相机领域迅速发展，则可使富士、索尼、佳能、尼康等追随者望尘莫及。但其决策层认为选择数码照相技术的道路，便是无形中自行放弃其先饵后钩的商业模式和胶片机的传统优势，因而不愿推进这项"B计划"，坐失良机。2000年之后，柯达急谋亡羊补牢，重新推动数码产品，此时个人电脑已逐渐成为社会主流，数码相机已不如智能手机的相机功能方便和强大。柯达终于为新技术所淘汰[7]。

2001年，柯达在美国数码相机中销量居第二位，仅次于索尼公司。但是柯达公司每卖一台相机都要赔本，胶片业务盈利率也下降至18%，这些对柯达来说都是坏消息。然而领导阶层中，有人认为业务不振是"非战之罪"，是"9·11"恐怖主义者的袭击所致，以致终乏良策，困守危城。到2007年，柯达的年销售额在美国同业中已降至第七位，此后江河日下（图4-1）。在此期间内，柯达企图以外包制造降低成本，以及进入喷墨打印领域等，但终究未能挽回颓势。

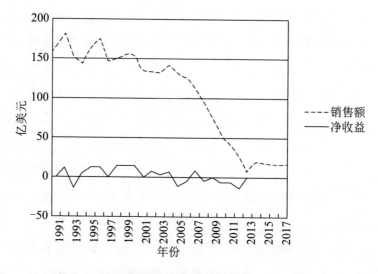

图 4-1　柯达公司的销售及净利（1991—2017 年）

2010 年，柯达公司开始专利方面的维权行动。柯达公司在和韩国 LG 集团的专利诉讼中获胜，获赔款 8.38 亿美元，对其是一剂强心针。

2012 年 1 月，柯达公司向法院申请破产保护，同时被道琼斯指数除名。柯达公司为解决债务问题，2013 年将其专利权以 5.25 亿美元出售，由硅谷一个高新技术企业组合承接。2013 年 9 月，柯达公司对外宣布改组，改名为柯达艾力斯（Kodak Alaris），将着力发展数字化显像业务并从事企业服务，虽然仍在运作，但已乏善可陈。历经一个世纪的辉煌的柯达公司从此成为一个可叹的企业教训。

[实例三]　欣铨科技：以商业模式为竞争优势

1. 以商业模式完成定位

欣铨科技股份有限公司（Ardentec Corporation，简称欣铨科技）于 1999 年在新竹成立，它的目标是为蓬勃发展中的电子工业提供高端晶圆测试服务。

公司的发起人都是富有专业经验的电子工程师。他们此前都在新竹工研院工作，参与次微米元件制程开发，建立动态随机存取存储器（DRAM）制程。1995年，他们接受世界先进集成电路股份有限公司（简称世界先进）的聘请，离开工研院担任公司的技术高层，从事DRAM商业化工作。公司业务发展迅速，但由于全球市场巨变，3年后世界先进的领导者决定退出DRAM市场，因此他们决定自行创业。

　　他们成立欣铨科技所考虑的主要是商业模式的问题，就是究竟选择哪一个战场，以何种方式才能将他们在半导体领域的知识发挥最大价值，创造在技术领域中新的策略优势。

　　这个团队对半导体产业很熟悉。半导体产品概分为逻辑运算元件和存储元件两大类，前者以英特尔公司的微处理器为代表，后者如DRAM、闪存。制造系统产品的企业都需要用到逻辑运算元件和存储元件。

　　当时除了美光（Micron）公司之外，美国大公司大多只做逻辑运算元件。世界存储器产业已被韩国企业所控制，三星历经两次经营危机屹然不倒，已成为世界盟主。而英飞凌（Infineon）、尔必达（Elpida）、海力士（Hynix）等连续亏损多年，但依靠政府强硬的产业政策支持而幸存。动态随机存取存储器产业必须有全生产线的布局，技术必须走在最前端，因此竞争十分激烈。

　　欣铨科技的策略是在这两大类产品之外另辟一条新路，那就是专业化的晶圆测试。晶圆测试可说是半导体产业"不可避免的魔鬼"。业内共识：未来半导体的投资规模会越来越大，在激烈的竞争之下，厂商会将投资重心放在前端的晶圆生产，而尽量缩小后端晶圆测试的规模。晶圆测试不是晶圆厂的关键核心，投资却占了20%。如果以100亿美元的设备投资来计算，就有20亿美元要用于晶圆测试。欣铨科技董事长卢志远认为，半导体业者多乐意把晶圆测试外包出去。晶圆测试是相关高新技术产品的必做项目，如何将它外包呢？

2. 以商业模式创造机会

总经理张季明认为，当年两大世界性的改变使得晶圆测试业者如欣铨有了发展的机会——一个是半导体业购买芯片的商业模式的改变，另一个是网络技术的盛行。

1999年，垂直整合制造（integrated design and manufacture，IDM）大厂委托外包的规范发生重大改变。范式转移形成了半导体水平分工的结构。这其实就是半导体业产业模式的改变。全球性大厂订单定价从晶圆购买（wafer buy），即以晶圆片数定价，变为合格晶粒购买（good die guy），即以每片晶圆内合格晶粒的数量定价。在"晶圆购买"方式中，晶圆合格率测试如果定为每片晶圆自动侦测5点，若有4点良好正常，则视为合格；否则不通过。但是在合格晶粒购买模式下，必须精确计算晶圆上有多少合格的晶粒，以此作为计价的标准。这种方式的交易，对客户（购买者）更有利，但测试设备成本和人力成本将上升。同时，客户认为这个敏感的作业不适合由制造商自己负责，而应由客户和制造厂共同商定测试程序，再将合格率测试外包给第三方进行，以示公允。

1999年欣铨科技公司成立之际，台湾地区有34家测试厂，却没有一家专业从事高端的晶圆测试，所以欣铨科技定位在这关键位置。近年来，欣铨科技50%的业务来自IDM大厂，其次是集成芯片设计公司。这些业务中晶圆测试占了九成，又以通信产品为主。

2000年之后，互联网技术使得欣铨科技可以和客户实时沟通，打破了地域和时区的限制。客户不一定非要在自家工厂里做测试，亦可以选择外包。厂方与客户都可以通过网络实时掌握晶圆质量，欣诠科技就像双方的虚拟实验室。

3. 产业定位

欣铨科技定位在半导体产业前端的集成电路设计与晶圆制造以及后端的封装测试之间的晶圆测试，提供晶圆测试的技术服务[8]，如图4-2所示。

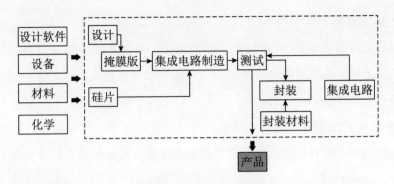

图 4-2　半导体产业链

所谓晶圆测试，即在晶圆制造完成后，以探针来确定晶圆上的每一颗晶粒的良莠，以便在晶圆切割与封装前筛选出符合规格的晶粒。由于晶圆测试是产品进入封装、上市之路的必经关卡，因此晶圆测试方的角色就像晶圆供应方与购买方之间的仲裁者，把守着每片晶圆的品质。所以测试方必须有充分管制质量的技术硬实力，必须不偏不倚，还要有为晶圆制造者（供应方）及使用者（购买方）所信任的软实力。

随着消费性电子产品朝着轻、薄、短、小、高效能、低功耗的方向演进，集成芯片设计也朝着单位面积电路密度增加、功能强大的方向前进。半导体制造技术进入纳米级尺度时，前端设计与制造深受挑战，后端芯片封测技术亦有许多困难需要克服。这些需要企业有高端半导体物理、电子工程的专业知识和仪器，后端封测成本随之水涨船高。为求降低后端成本，催生出多芯片封装（multi chip package，MCP）与系统封装（system in package，SiP）等多种封装技术。为了避免模块中因单一元件报废导致其他相关晶粒一起作废而浪费整体成本，封装前的晶圆测试日趋重要。晶圆测试技术在半导体产业的重要性就确立不疑了。集成电路产业遵循摩尔定律发展，欣铨科技志在成为半导体产品验证、测试量产之最具成本／效益的专业领导厂商，必然会随着摩尔定律求进步、求创新。

4. 精益求精

目前欣铨科技 90% 的营收来自晶圆测试。高质量及不偏不倚的公正性，使它成为全球大客户的最佳研发伙伴，欣铨科技的营业额也稳定增长[9]。

创业初期（1999—2004 年），欣铨科技的第一波客户为存储器生产商。但 2001 年新厂刚落成时，便遭遇互联网泡沫破灭风暴。存储器生产商就将晶圆测试的工作拿回去自己做，存储晶圆测试需求大幅缩减，欣铨科技出现资金压力。

欣铨科技为应对危机强化组织，将运营与业务单位合并，并自此淡出 DRAM 晶圆测试市场，改以逻辑 IC 及混合信号 IC 的晶圆测试为主。然而，存储器产品和逻辑产品在机台、程序与焦点等方面的测试技术大不相同。张季明说："做逻辑产品，我们是新厂商、新面孔。若是去抢个人计算机产业的客户，便成为现有大厂的竞争者，我们将毫无机会。建立第二波目标客户群是当务之急。经分析之，我们选定从智能手机这个新兴的板块切入，不久就获得世界领导厂商［做垂直整合制造的是德州仪器（TI），代工厂是台积电（TSMC），芯片设计方面是麦克斯韦（Maxwell）］的认可。很幸运，我们选对了客户目标。"

欣铨科技于 2005 年顺利在台湾股票市场上市，展开与资本市场的互动，可以自市场筹集资金。这个阶段的重要突破就是走向世界——到新加坡设厂。

欣铨科技去新加坡设厂主要的考量在于就近服务当地的客户。公司要把握新加坡本地的晶圆厂与芯片设计公司的商机，并借此延揽人才，建立全球化的人才团队。这些使欣铨科技本身的工程与管理团队更具全球化能力。

张季明分享欣铨科技在走向世界过程中一个特别的做法，除了聘用当地人才外，还轮调公司内部的资深工程师。他们许多人已四五十岁，毕业于台湾地区的重点院校。外派出去，他们会更深入地了解派驻地区的文化，增加全球实务经验。

5. 金融危机的淬炼

2018 年，欣铨科技在全球有 5 个工厂，员工共有 1400 人，其中台湾地区有 3 个工厂员工 1100 人，新加坡工厂（2006 年成立）员工 160 人，韩国工厂员工 80 人。2010 年 12 月欣铨科技决定在韩国设厂，地点位于京畿道平泽市，于 2013 年 7 月正式运转。2017 年 7 月，南京工厂开始运营。

　　"2008—2011 年，公司面临金融危机的压力。我们在运营上致力于以质量为核心，推动信息安全管理系统认证，让客户安心。"张季明表示，"取得 ISO 27001 认证，在半导体界是一项创举。我们认为，通过网络做供应链信息管控与监测，质量保证和信息安全非常重要。"

6. 企业文化是成功的保证

　　张季明表示，晶圆测试是利基市场（niche market），在大产业链中也会随时代改变而受到冲击。设法增加对客户的价值是欣铨科技重要的企业文化。他说："我们的目标是持续扩展对世界领袖级客户的优质晶圆测试服务，保持在系统封装中裸晶的测试技术领先，在新兴的价值链上扮演良率中心的角色，强化人才的延揽、训练及产学合作。"

　　晶圆测试是个没有物料、没有制程、没有污染的知识服务产业，在科学园区的表现是非常亮丽的。欣铨科技从成立第二年起，就不断地稳定获利与成长。回顾来时路及面对未来挑战，张季明说："我们的核心团队出自工研院，保持着工研院的精神，传承了工研院的精神——卓越，勤奋，创新。"这就是欣铨科技的企业文化。

　　在 1993 年或 1994 年时，为了促成新竹工研院文化的形成，我决定在工研院导入 ISO 系统，督促每个研究所、中心及院部实行质量保证运动，并定下达成 ISO 4000 认证的时间表，成为达成卓越目标的保证。工研院邀请了实施质量管理极富成效的飞利浦台湾公司原总裁罗益强来为质量保证运动"鸣枪起跑"。当时有不少同人质疑：研究机构为何要导入广泛用于制造业的质量管理方式？我的立场很坚定，我对大家说："ISO 4000 将是未来企业竞赛的'入场券'。任何人希望和一流企业来往，必须了解它们的游戏规则和心态，否则你就不用玩了。"通过卓越质量来赢得客户的信赖是一条正确的道路。

在欣铨科技的奋斗历程中，见证了卓越和创新理念对企业的竞争力提升之功。"质量是信义之本，信义为立业之本。"这句话像陈年香酿，历久弥新。

四、商业计划与企业运营

一个成功的企业，必须做好成本与产品价格管理。成本与价格之间的空间，即产品所提供的使用价值被市场肯定，这是企业盈利的根源，也是企业运营的要素，见图4-3。

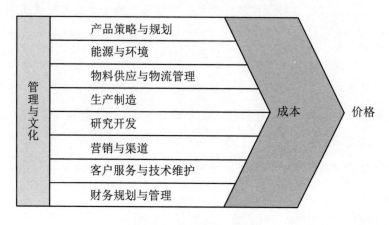

图 4-3　企业运营的要素

企业经营中的成本，按其功能可分为三类十项。第一类包括产品策略与规划、能源与环境、物料供应与物流管理以及生产制造，此四项属于产品的直接成本。第二类包括研究开发、营销与渠道、客户服务与技术维护以及财务规划与管理，此四项属于产品的间接成本。以上8项的运营责任由企业相应运营单位承担。第三类包括管理与文化和团队与分工，此两项属于产品的分摊成本。如将图4-3逆时针旋转90°，即可称为企业的商业计划示意图，见图4-4。

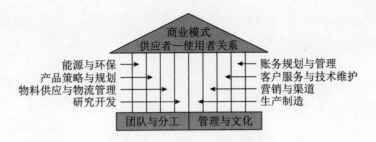

图 4-4　企业商业计划示意图

如图 4-4 所示，企业的顶冠是商业模式，也就是供应者与使用者的关系，可决定企业盈利率。企业的根基是团队与分工以及管理与文化。企业的支柱是产品策略与规划、能源与环境、物料供应与物流管理、生产制造、研究开发、营销与渠道、客户服务与技术维护以及财务规划与管理。一个企业的成功，在于企业的根基与企业的支柱共十项要素的相互作用。

上述麦当劳、柯达与欣铨公司三案例的盈亏，皆可用此图演绎分析。

第五章

掌握时机

来得早不如来得巧

有人说开餐厅有个秘诀：地点！地点！比照这个说法，科技创业的秘诀可说是：时机！时机！前者是指地点对餐饮业的影响力，后者是指时机对科技产业的重要性。然而时机"早"不见得就好，关键是"巧"。"巧"在"早"以外，还需要其他条件的配合。这个说法似乎有点玄了，实际上科技创业要比开餐厅复杂多了。

例如在餐厅宴客，当主菜清蒸石斑鱼香喷喷地端上席时，主客还没有出现，等到主客来时，鱼已放冷，再嫩再细的石斑鱼也味如嚼蜡；或是客人都已到齐，但是主菜迟迟没有做好，最后主菜上台露面时，客人都已醉不知味。所以上场的时机是非常重要的。

一个科技产品商业化的成功，内外因素极多，最重要的是出现得恰逢其时、产品完美无瑕，两者相互影响，从而为市场所接受并确认其使用价值。所谓内在因素，包括产品的各项性质、功能以及包装、递送等服务；所谓外在因素，是法律责任、顾客心理、社会接受度等。

下面四个案例，可以帮助大家理解时机的意义，了解时机对创业的重要影响。

[实例一] 雷神公司的微波炉：时机过早

微波炉利用微波来加热食物。在适当的波长范围内，电磁波可使物体中的极性的分子不断振动而产生热量，使物体的温度升高。我们常见的食物，包括肉类、谷类、蔬菜等，都可用微波加热。

最早发现这个加热方法的是雷神公司（Raytheon Technologies Corporation）的工程师斯宾塞（Percy Spencer）。他在 1945 年的某日，发现口袋里的巧克力因接近实验室中的微波设备而熔化。斯宾塞接着以玉米粒和鸡蛋来做实验，发现两者被加热烤熟，他还不小心被爆开的蛋壳碎片溅了一身。雷神公司是一个军火公司，以制作雷达微波通信为基础的军用设备驰名。此时第二次世界大战刚刚结束，公司正希望转型到民用产品，无意中得到这个结果，喜出望外。

公司马上组织团队进行产品开发，把这一系列的产品叫作雷达烤炉（Radarange）。但是花了几年的工夫，终因不得要领而作罢。雷神公司在 1947 年推出一款产品，外形如立式冰箱，高 1.8 米，重 340 千克，功率 1700 瓦，售价约 3000 美元，据说可以在半小时内烤熟 20 磅（约 22.7 千克）的牛排，功能极佳，但少人问津。

1955 年，雷神公司授权俄亥俄州专业做烤炉的塔潘（Tappan）公司进行产品和市场开发。塔潘公司尽量利用雷神技术的优势，但调低了功率，使产品的单价在 1500 ～ 3000 美元，以收入较高的家庭为对象，但市场反应仍然迟滞。

从 1960 年开始，日本夏普（Sharp）、韩国三星（Samsung）等厂商针对这个领域陆续推出低价产品进入美国市场。这些产品可在桌面上使用并配有转盘，价格降至 500 美元左右，能被一般家庭接受。

1965 年，雷神公司并购了电气用品公司阿曼达（Amanda），作为其微波炉专业公司，市面上还有利顿（Litton）公司的产品，价格都在 400 美元以下，加上从亚洲进口的产品，微波炉在美国已渐为人知。1970 年，微波炉全美销量约 4 万台，且有增长趋势。

然而此时消费者环保意识抬头，许多地区对微波辐射的安全性质疑颇多，要求政府对微波炉辐射安全性进行评估。1975 年，美国食品药品监督管理局（FDA）在公开报告中确认微波炉的安全性，并制定品质标准作为此类产品的规范。公众对微波炉产品的信心到此方无异议。1971 年，美国拥有微波炉的家庭已达 1%，到 1985 年时升至 20%。

微波炉发明甚早，但市场化 40 年后仍未普及，究其原因是技术层次与市场需求差距过大。所以，产业技术除精密化及经济化外，还需配合市场实际需求，使用价值能为消费者认可。美国一般家庭除主要节日外，并非每日都能端坐在餐桌旁享受牛排或火鸡，即使假日也不至烹饪数十磅之巨的牛肉。所以大型的、高价的微波炉没有市场。1985 年以后，美国家庭妇女进入职场的人数大增。美国家庭多数喜爱简食、快餐，食品公司因此大力推销冷冻食品。微波炉的应用便大为扩展，成为一般家庭必备。同时，家庭冰箱必须有相当大的冷冻空间才能储存适量的冷冻食品。食品公司及家用电器公司成为微波炉产业价值链中的成员，实为始料未及 [1]。

到 1997 年，美国已有约 90% 的家庭拥有微波炉者，到 2008 年接近 95%，而此时已为微波炉开始商业化 60 年之后 [2]。由此可见，科技产品商业化之路至为曲折，十分崎岖。目标顾客对使用价值的认知往往非科技人员所能预料。而社会经济形态变迁，时势之汇聚，更非个人所能左右。此为创业家生涯风险所在。这个项目是一个典型的创新创业案例，雷神公司所缺乏的是对时机的了解。微波炉产业发展的历程是对创业者了解"时机"很好的提示。

[实例二]　杜邦公司人造皮革：时机不巧

在 20 世纪中期，杜邦公司（Du Pont）为全球首屈一指的化学公司，以"运用化学为更美好的生活提供更优良的物品"（Better things for better living through chemistry.）为信念，在衣、食、住、行各方面都有标志性贡献。杜邦公司广为人知的贡献包括人造纤维（尼龙、奥纶、的确良）、人造橡胶、塑胶、薄膜、涂料、电子材料、化学药品、化学仪器等。

1955 年，杜邦公司有一个庞大的技术计划——研制人造皮革，这是应制鞋业市场的需要而提出的。当时的制鞋业者认为原料的价格太高，有碍产品销售和产业发展。制鞋的原料主要是小牛皮。一张牛皮经过复杂的鞣革工序进入生产线，须先将边缘不规则的地方裁去，剩下来的大约只有70%。这张皮上还有结构不规则、纹路不一致的部分必须裁整，最后一张牛皮可用的就只剩下一半了。因此，时尚流行或优雅怡目的高档鞋子，特别是女鞋，价格常常高得惊人。制鞋业者希望杜邦公司能够将高级人造皮革一卷卷地供应给他们，就像制衣业的布匹一样。这样可以节省物料，缩短流程，让他们发挥在设计及缝制上的技艺。

这是个困难的挑战。杜邦公司自诩为化学业的领导者，于是组织了一个涵盖高分子科学、化学工程、机械工程方面的专家团队，试验了许多材料及工艺，在考虑耐用、可靠、透气、舒适、美观的条件下制定了制造方案。大体上，鞋垫较易处理，方法很多。鞋面是核心所在，他们采取一个复合材料的方案，合成以聚酯纤维（polyester）为底层，加上多孔的聚氨酯薄膜（polyurethane）为表层的主体。这个主体的物理强度极高，在各种应力应变和材料疲劳试验中的表现都超越天然皮革，确定可用耐穿。它的表层中具有微小的细孔，可以让水汽蒸发并阻止外部水珠进入。这是一个核心创新，经过若干专利技术的使用才能达成。杜邦公司把这种材料命名为细孔性高分子（poromeric polymer），注册商标叫作Corfam（科芬），期待它会像杜邦公司的其他商标如Nylon（尼龙）、Orlon（奥纶）、Dacron（涤纶、的确良、达克纶）、Teflon（特氟龙）、Lucite（人造荧光树脂）、Duco（硝基汽车漆）等，成为一个家喻户晓的品牌。

经过三四年的筹备，科芬的人造皮革在1963年面世[3]。因为制鞋业期待已久，瞬间就有大量广告出现在报纸杂志及电影电视上，被引为高端皮鞋的标志。许多豪贾名媛纷纷通过渠道定做，甚至订购不同颜色，以免短期内重复使用。外界订单源源涌入，公司营业部弹冠相庆。

科芬风光一年之后，大众的激情慢慢消退，订购量不如之前踊跃，这使公司管理层疑惑不解。通过市场专家的调查分析，真相慢慢浮现。

原来杜邦公司的团队虽然明白制鞋业者的需要，但是对产品最终使用者的体验却不十分了解。这两者所关心的并不完全相同。

一般人去买天然皮制成的鞋子时，常常觉得新鞋有点紧，但穿过几次后就会变松而感觉舒适了，这是材料疲劳的正面影响。然而人造革的物理性质比天然皮革高，日常的穿用不会引起材料疲劳，也就是说新鞋穿过后也不会变得宽松。所以人们试新鞋时如果觉得过紧，之后就会一直觉得紧。如何告诉人们改变购买鞋子的习惯，要买大点号码的人造革鞋子，这不是三言两语说得清的。而且如不迅速采取行动，恐怕公司还要面临法律诉讼的问题。杜邦公司在考虑得失之后，决定把科芬产品下架。

这个项目经营了3年，动员了上百人，耗费了数亿美元，最终无数的心血付之东流。当年诸葛亮挥泪斩马谡，恐怕就是这种无可奈何的心情吧！

这个案例对创新创业的提示是什么？我想是科技人员创新工作不够周到，错估了市场的需要，只想把最高级的材料推向市场，但是市场并不需要这种高、精、新的产品。所以人造革的商业化过程流于仓促，误解了消费者的需求，反而错过了时机。在杜邦公司退出这个市场不久，日本许多家厂商使用较廉价的聚氯乙烯（polyvinyl chloride，PVC）为原料，迅速填补了市场的空白，公司获利颇丰。

我加入杜邦公司时，人造革计划已接近尾声。我曾和几位参与过该计划的同事谈天，对这个计划的起源和结局有了比较深入的认识。这么多心血和资源的投入换来的只是沉重的回忆，大家不胜遗憾。这个计划使杜邦公司更了解自己的长处和短处，此后对消费者市场的实际需求有了高度的警觉心。

[实例三] 新竹工研院笔记本电脑联盟：时机将到

1991年夏天，我在新竹工研院担任院长已接近3年，带动各所及院部的领导团队对工研院的未来进行策略规划。在电子信息方面，我们觉得新竹工研院已为台湾地区经济转型，成功地推动集成电路技术及一些衍生产品的发展做出贡献。此后的社会对集成电路下游的应用和各项信息产品的需求更大，新竹工研院必须正视这个趋势，早做准备。我们的策略是把电子所分为两个所，一个专注于集成电路及微电子领域，仍叫电子所；另一个专注于下游信息业特别是计算机和通信领域，就叫电通所。电子所所长是邢智田博士，我们聘请了美国贝尔通信公司郑瑞雨博士担任电通所所长。

1. 创造产政学研的共识

电通所原先已有发展笔记本电脑的构想。郑瑞雨到任后，确认它的重要性，并把它和高清电视放在优先次序。他和我谈笔记本电脑，我提问："现在台式机不是用得很好吗？"他笑说："旅行时总不能把桌子带着，而且很多市场分析都认为未来 10 年社会经济发展增快，旅游的人数及频率会以指数级增长，所以便携式计算机的市场成长会很快速。"我尊重他的看法，但要求他必须先和计算机业者沟通。业者如果看好这个市场并能提供部分经费和工研院联合开发，最为理想。

经过台湾地区电机电子工业同业公会（TEEMA）的安排，我们和业界见面。业界知道工研院这个意图，反应空前热烈。加入开发联盟的"入门费"原定每家厂商新台币 120 万元，已有 30 多家要报名。我感到 30 多个成员的联盟太难管理，于是把"入门费"提高到 180 万元，然而大家都要跟着，甚至仍有另外十几家厂商坚持要加入。最后共计 46 家厂商加入开发联盟。这是台湾地区工业研究在产品开发方面前所未有的盛况。

2. 成立产研技术联盟

工研院和业界定制联盟开发的目标和计划的产品。简单地说，联盟要提出产品计划问题的解决方案，每个参加的伙伴可派人员参加开发工作。最后的产品是一部通用的原型机，以供大家观摩。参加者可得到详细的蓝图、说明及零组件的细节等。但联盟对商业制造及行销没有任何责任，因为这两项和参与者的商业计划有关，不是工研院所能置喙的。

这是一个由工研院提出项目，厂商平等参与的联盟模式。联盟在一年内就开发完成笔记本电脑原型机，并到美国计算机分销商展览（Comdex show）展出，备受业界的瞩目，因为用这么短的时间就能掌握这些技术是很罕见的。很显然，这使美国、日本的制造业者对台湾地区的技术能力刮目相看，大大提高了他们前来寻求合作商机的意愿。

后来郑瑞雨离开工研院到产业界任职，有人向他抱怨当年参加联盟后在产业化阶段赔钱了。郑瑞雨是个谦谦君子，宽厚大度，和我谈起这事，不无憾意。我说不然，这个联盟把台湾地区的笔记本电脑产业培养起来，对宏观经济的贡献是非常大的。对个别公司来说，有的公司做原始设备制造商（OEM），有的公司做原始设计制造商（ODM），有的公司重品牌，有的公司拼渠道，林林总总，形形色色。有些公司善用策略投入资源、广结联盟而成全球产业要角，远不是工研院所能邀功的。有些公司赔本甚至关闭，原因很多，亦不是工研院所须代过的。听了这番话，郑瑞雨方释然。

现在看来，开发笔记本电脑是20世纪90年代台湾地区科技产业界的一次重大发展，对普及计算机应用、加速信息革命、促成知识经济及全球化的来临具有重大的影响。

1991年，市场上已有笔记本电脑的雏形，但销售并不成功。然而我们知道信息产品走向轻、薄、短、小，加上可移动，是未来市场清晰的趋势。当时销售面临的问题只是暂时性的，等三五年后全球经济起飞，它的市场需求必然领先经济的发展。所以，这是产业界着手准备的关键时刻，工研院应领头站出来创造条件。

郑瑞雨到任后，认为市场态势紧迫，技术风险较高。他对电通所科研能力不了解，开始时有些犹豫。但他见到同人士气高昂，厂商及当局都表示支持，所以就同意启动，并亲自领导计划。当时电通所组成了一个团队，并分成许多分项计划，要求厂商派人参加，通过电机电子工业同业公会的居中联系，"笔记本型计算机共同开发联盟"正式成立。

我们在与同业沟通过程中，引起一些贸易公司的兴趣，它们希望在未来供应链中有做零组件代理的机会。此外还有不同的专业群，如模具、主机板、键盘、电池等厂商同样有兴趣参加。这一方面说明联盟已引起相关产业的兴趣；另一方面，计划管理的困难无形中大为增加。所以，我们酌情提高进入门槛，从 120 万元新台币提高为 180 万元新台币，亦是一种不得已的管理措施。

3. 塑造"华人全球化企业"模式

这个计划预定在一年内完成，其实只有半年的开发时间，时间紧迫，压力巨大。当时的重要团队成员、现任工研院产业学院院长罗达贤和我做了一次回顾，针对产业联盟这个科技创新模式做了一些检讨。从最终绩效来说，是非常值得肯定的。

1993 年台湾地区创出年销售 50 万台笔记本电脑的纪录，约占世界市场份额的 22%。台湾地区的计算机产品自此在世界舞台脱颖而出，走上坦途，每年都有稳定的增长。2005 年之后，台湾地区的计算机产品在全球市场占有率已超过 80%，台湾地区成为全球最大的笔记本电脑出产地，见图 5-1。

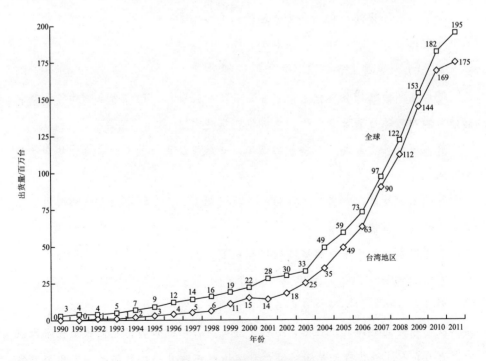

图 5-1　笔记本电脑出产量

值得注意的是从 1992 年到 2005 年有 13 年的光景，这个过程之长，往往不是创业家所能预测的。对台湾产业界来说，这个较长的时间正好有利。因为许多厂家有了基本技术知识之后，可以在市场中探索与确定各自的商业模式和商业计划。到了 2005 年，台湾业界对笔记本电脑的技术、市场和销售等方面已经甚为熟悉，所以在全球竞争中能得心应手。

有些联盟会员很快就以杀价手法竞争订单，但终究被这种捷径带入绝境。许多进行创意设计、品质管理、渠道互补、市场联盟的会员则成为一方之雄。那些成功的会员在已建立的技术基础上发展，在管理方面经过反复地组织重整、价值链管理、企业合作或并购之后，大都变成可持续经营的企业，很多已和全球知名企业以多种方式结合。在台湾地区设计，在大陆制造，在全球销售，这就构成了"华人全球化企业"。

资料来源：MIC/IDC

这个项目的成功，我们认为主要归功于下列数点。

①联盟计划的目标明确，参与者都明白什么是可以期待的产出，而不会过分要求。

②电通所能掌握先期信息，完成市场分析评估，了解业界的需求，能提出具潜力的产品并规划开发工作，能提供所需技术。

③电机电子工业同业公会能协调参与者，维护良性的产销秩序，提供管理方面的支援。

④参与者能提供各自的专业技能，降低制造成本，并能进行联合采购，追求产品的量产与营销。

⑤工研院团队的无私奉献得到了联盟成员的信任。

⑥工研院对笔记本电脑发展时机的预测甚为合理。一个较长的企业成长期，对发展中的台湾地区信息产业甚为有利。最后的效益是带动台湾地区计算机产业全面发展[4]。

在 1991 年初联盟成立的时候，台湾地区已有若干计算机企业，主要从事台式机制造等。这些企业对新兴的笔记本电脑固然有浓厚兴趣，但它们以保护个体企业的独特性发展、追求产品的差异化为主。这和联盟的以标准化为目标、推广技术扩散和广惠中小企业的策略不相符合，所以它们对联盟多持观望态度。这种在经营策略上的分歧是可以理解的。

然而此后的发展使这些计算机企业也获得联盟连带效应的正面影响。这些效应包括：零组件标准化促进成本的降低，信息流通促使产销秩序的建立，形成产业聚集，增强企业经营效益。台湾地区在此方面声誉鹊起，促进其他地区企业前来寻找商机，技术人才的扩散也增强了相关产业的创新活力。

4. 创业的关键：人才与技术

当年的联盟成员，今天在台湾地区计算机产业中扮演什么样的角色？罗达贤说："这个问题的答案甚为复杂，需要做更深入的分析。主要的原因是联盟的成员公司大都经过改组、增资、并购等程序，很多都不以原来的名字经营。有些公司已经有了多次的转变，更增加了分析的困难。在发展过程中，有些技术经联盟成员间彼此学习而流传，它们建立了合作关系。即便当时有些大厂没有加入，但联盟所培养的技术及人才应该已扩散到它们的企业以及台湾地区整个信息产业中了。"

的确，数年之后，电通所所长郑瑞雨离开工研院受聘为宏碁（Acer）的投资公司总经理，电子所所长邢智田出任广达电脑公司总经理。两所的组长、经理、工程师转业为信息产业公司高管的不计其数。

广达电脑公司后来和戴尔公司（Dell）合作，成为全球笔记本电脑行业魁首；宏碁集团一直以自有品牌驰名；还有其他一些台湾企业各擅胜场，雄踞一方。从宏观经济的角度来看，工研院推动技术开发，培养的人才最后遍布于各行业各公司中，成为台湾地区技术经济的推手，促成了许许多多的新创企业。这一效益是没有异议的。

罗达贤又说："当时我们以共同机种为目标，这和一些厂商追求差异化是有区别的。实际上差异化在企业经营上的确有它的必要性。由于大量业者进入，如果没有差异化，杀价竞争之后，没有利润，体制不够好的厂商就得退出。"所以，联盟若干成员最后在激烈的全球化竞争中被淘汰出局。适者生存，这就是市场经济的规则。

5. 以技术联盟为创新创业模式

我在前面已说明创新的成功需要多种才能的结合。技术开发联盟是产、政、学、研四类资源结合的一种最佳的方式。因为笔记本电脑在台湾地区成功的经验，产业技术联盟成为 20 世纪 90 年代后工研院提倡的一种重要创新模式。

据我个人的观察，笔记本电脑的标准化增进了电脑的流通性，促使它在全球的普及化。又因无线通信技术及互联网技术的加入，笔记本电脑成为 21 世纪人类最重要的工具。它增强了知识的流传力度，亦释放了人类的创造力。

现在，一人多机已是普遍的事。人们利用各种膝上或掌上电脑休闲娱乐、获取知识、孕育新意。我相信笔记本电脑在人类文明史上的贡献大概超出郑瑞雨、罗达贤及工研院笔记本电脑联盟各成员的意料吧！

2006 年苹果公司推出 iPhone，之后智能手机在全世界产生了重要的影响。然而笔记本电脑仍然保持其独特的地位，与平板电脑及其他可携带小型电脑共存于市场，只是高速上升的增长率已趋缓和。

[实例四] 苹果手机（iPhone）：善用优势，时机大好

史蒂夫·乔布斯（Steve Jobs）和他的伙伴史蒂夫·沃兹涅克（Stephen Wozniak）、罗·韦恩（Ror Wayne）在 1976 年成立苹果电脑公司。当时他们都是二十几岁的小伙子，志同道合，性格互补。沃兹涅克对计算机软件造诣颇深，为人温和、容易相处。乔布斯则了解市场走向，勇往直前、锲而不舍。两人都具有初生牛犊不怕虎的傻劲和冲劲。1978 年 Apple II 问世，极受电脑爱好者欢迎。1980 年苹果电脑公司上市，大受市场青睐，骤然成为电脑界明星。有了资本的注入，公司继之从事 Apple III、Lisa、Macintosh 等新型电脑的开发，

以扩大公司利基，和市场上的大企业一争短长。然因乔布斯二十来岁，缺乏为人处世的经验，而公司大部分员工的学历都比他完整，也有社会交际经验，所以乔布斯和他们格格不入。沃兹涅克为人恬淡，不喜经营细务。公司董事会经乔布斯同意，在外部征聘总裁，专注于业务管理，而乔布斯、沃兹涅克可专心于技术项目的执行。不久，约翰·斯卡利（John Scully）加盟苹果电脑公司，出任首席执行官（CEO），锐意建立管理制度。

1984年，苹果电脑公司取得美国超级碗橄榄球赛（Super Bowl）的电视广告权。乔布斯利用此机会发布新的个人电脑产品，多方自喻苹果电脑为神话中之新手，敢于向权威（意指IBM）挑战，并将以小胜大。从此"苹果"声名大噪，全美皆知。IBM迅速应战，以其产品网络及广泛通用优势压制苹果电脑的销售。苹果电脑公司股价自每股近百美元跌至5美元。1985年，在业务不如预期的情况下，乔布斯又插手公司内两个电脑开发专案，引起内部的混乱及不满，斯卡利为争取对公司的主导权，迫使乔布斯退出其创立的公司。

12年后的1997年，苹果电脑公司因业务不振，邀请乔布斯回归。乔布斯不愿意当总裁，称自己为"iCEO"，重入董事会。

12年间，苹果电脑公司三换总裁，业务多元化，产品支脉繁衍，公司脚步随竞争者音乐起舞，故左支右绌。而乔布斯除致力于NeXT电脑在科学外的应用，结交美术、音乐、动漫、电影界等人士，了解不同专业背景人士对各自未来的憧憬，及电脑所能协助他们发挥潜力的机会，多方撷取创意，广吸创新能量。他收购的皮克斯（Pixar）动画工作室以崭新技术结合动画艺术，动画电影《玩具总动员》一炮走红。12年的社会历练，使乔布斯的创新及公司运营能力得到提升。

乔布斯回归苹果公司后，重定公司发展策略，提倡"简朴至上"，追求"卓越产品"，并全面扩大创新活动范畴。他认为个人电脑应使个人能力及梦想得以发挥，所以致力于扩大个人电脑的效能"个人化"[5]。

乔布斯很快有了一个超越性的构想，他认为手机较电脑更能成为个人生活的平台，经过诺基亚、摩托罗拉、黑莓等企业的开拓，社会各界已熟知手机的基本功能，乐于接受此类新产品。所以苹果电脑公司无须再面对市场先行者常遭遇的未知风险，这是绝好的市场时机，是苹果电脑公司进入新市场的最好机会窗口。

乔布斯的策略是全力塑造一个优越的产品，以震惊四座的方式进入市场，产生令消费者惊艳的效果，对竞争者发挥震慑作用，一举确定苹果公司的领导地位。这首先必须在充分的市场调研和产品分析的基础上，做出完善的产品规划。当时市场中的领先产品各有缺点，乔布斯决定从改善这些缺点来定义他的产品。举例来说，诺基亚手机所提供的功能太少，爱立信手机传统无新，摩托罗拉手机大而无当，黑莓手机深具创意但操作烦琐，三星手机和 HTC 手机特色不明等。

乔布斯秉承其在个人电脑上的设计策略，提出两个重要的指导原则。其一是简化是精致的极致，其二是创造一个近乎疯狂的伟大产品。苹果手机必须轻薄简便，可单手操作，让使用者爱不释手，且可放入牛仔裤侧袋。在此原则下，苹果手机外形典雅，功能强大，操作简便。在 iOS 操作系统的极高算力之下，置入 iPod、iTune 等功能，辅以最新的无线网络技术，成为前所未有的智能手机，定名为 iPhone。乔布斯在 2007 年 1 月 9 日公开发布 iPhone 面世信息，并同时宣布苹果电脑公司正式更名为 Apple Inc.，即苹果公司，这引起科技产业界的轰动，iPhone 被公认为是一个极具革命性的产品。

iPhone 除了产品设计上的重要创新外，在制造方面也建立了完善的运作模式，确立了供应链的全球化。通过鸿海公司的系统整合，苹果公司与分布在全球五大洲的 200 多个供应商结成合作关系，成为高效率、低成本、全球化制造系统的典范。

在 2007 年 iPhone 发布会后，全球智能手机行业风起云涌，很多企业竞相效仿，亦步亦趋，促使智能手机成为最受社会大众欢迎的产品，几乎人手一机。大家沉醉于智能手机之中，追求个人所好，使用者无性别、年龄、职业、宗教、教育水平之分，亦不需要特别训练，便可轻松使用。每个使用者都可自主学习而成为未来的摄影师、音乐家、文学家、设计师、艺术家，开创个人的新天地。每个使用者亦能建立同好族群寻找知音，获得"海内存知己，天涯若比邻"的幸福。这是一个增加民众福祉的创新。

苹果手机问世后，大受市场欢迎。2007—2018 年之销售情况如图 5-2 所示。

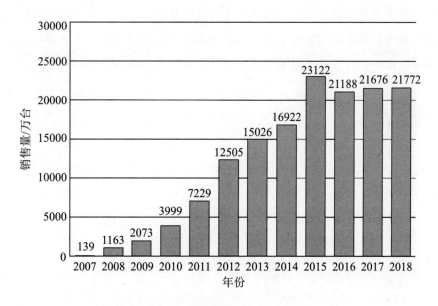

图 5-2　苹果手机销售情况（2007—2018 年）

从图 5-2 中可以获得如下信息。

① 2007 年，销售量即达 139 万台，莺声初啼，已自不凡。

② 2008 年的销量比前一年增长约 9 倍。2009—2017 年每年平均增长率均在 30% 以上。此时苹果手机在全球市场中独占鳌头。

③ 2016 年后，苹果手机的销售量虽维持在 2 亿台水平，但数量已较最高的 2015 年略为减少。苹果手机销售总量在前 10 年内超过 10 亿台，到 2018年，总销售量已超过 14 亿台。此为科技产品迅速为人类社会肯定、接受的最高纪录[6]。

iPhone 的成功，使苹果公司股价及市值迅速增长。2018 年 8 月 2 日，苹果公司总市值达 1 兆美元，成为全球企业界的历史最高纪录，并于 2020 年 1 月和 2022 年 1 月达至 2 兆美元和 3 兆美元。市场上 iPhone 售价比同类产品高 20%～30%，但消费者依然热情不减，可见苹果品牌效应的威力。据 2021 苹果公司财务资料显示，iPhone 的营收占苹果公司总营收的 50% 以上。

之后由智能手机所衍生的其他服务，如脸书、微信、领英、推特、支付宝、谷歌支付等，都成为重要社会现象。但此种发展亦带来若干社会问题，如个人隐私受到侵犯、假消息成风等。此后如何发展，此时未可预料。

总之，苹果手机的商业化可称为科技商业化历史上的神来之笔，乔布斯对社会趋势的了解及时机的掌握，可谓天成，绝非偶然，值得大家深思。

策略与执行

预置蓝图　机敏调适

创业者工作要努力，亦要有效率。工作有效率的因素包括：清晰的目标、周详的分析、特殊的策略和确实的执行。本章将就这些因素的基本概念和方法，包括中华经典、SWOT 分析、波特的企业竞争力五要素加以描述，并将以 20 世纪 90 年代新竹工研院的实践情况和全球驰名的创新巨擘——通用电气公司（General Electric Company）2010 年后的陨落为案例进行说明。

一、策略规划与中华经典

策略是在工作开始之前就必须思考拟订的。《礼记·中庸》说："凡事预则立，不预则废。言前定则不跲，事前定则不困，行前定则不疚，道前定则不穷。"其中的"预"就是先期准备的意思。譬如说，你去拜访客户、会见重要人物、论坛发言、接受访问，能不事先准备吗？我来上课，能不先组织好资料、制作好 PPT、写好大纲吗？特别是时间有限制的，准备得更要充分。"充分"的意思不是多而是精。我们必须先想好要表达什么主题，开始做加法，再做减法。我们先把有关的思考、论点、资料、数据、图片、视频都搜集好，放在一起，然后一项一项地斟酌，再一项一项地排列，就会发现有意思重复的、有喧宾夺主的、有枝节横生的，这些都要割爱。这样来回几次，才能去芜存菁、恰中鹄的。这样的"言"，才能达到效果。这才是充分准备的真正含义，从此可以看到一个人"言前定则不跲"的修为。《论语·为政》说："言寡尤，行寡悔，禄在其中矣。"这是经过两千年考验的金玉良言。至于"事、行、道"
的先期准备更为复杂，暂不讨论。

二、战术性竞争

企业在竞争的环境中要做到"事前定则不困，行前定则不疚"，就必然需
要一个策略。这当然不是一件容易的事。关于研拟策略的重要性，下面有一个
经典的故事，供读者参考。故事出自《史记卷六十五·孙子吴起列传》。

齐使者如梁，孙膑以刑徒阴见，说齐使。齐使以为奇，窃载与之齐。齐将
田忌善而客待之。忌数与齐诸公子驰逐重射。孙子见其马足不甚相远，马有上、
中、下辈。于是孙子谓田忌曰："君弟重射，臣能令君胜。"田忌信然之，与
王及诸公子逐射千金。及临质，孙子曰："今取君之下驷与彼上驷，取君上驷
与彼中驷，取君中驷与彼下驷。"既驰三辈毕，田忌一不胜而再胜，卒得王千
金。于是忌进孙子于威王。威王问兵法，遂以为师。

好一个孙膑，他不动声色，不用资源，只凭对竞争者和游戏规则的了解就
定下了近乎完美的策略。比照企业的竞争，孙膑所采用的是战术的规划，就是
在分析市场动态、了解竞争者的优势劣势后，以不同的组合推出适当的产品到
市场中。虽然在个别的市场中各有高下，但总体盈利的成果是十分丰硕的。

三、战略性竞争

在战略规划方面，中华五千年历史中最脍炙人口的恐怕是诸葛亮和刘备的

隆中对了。汉献帝中期，曹操以"挟天子以令诸侯"的策略，荡平了北方群雄，其威望如日中天。他随后驱兵南下，势如破竹。刘备虽有关羽、张飞、赵云等名将的扶持，亦广得民望，但地小粮薄，被曹军逼得竟无存身之地。幸而得到高人指点，刘备在南阳三顾茅庐得见诸葛亮。诸葛亮对他描述了一个三分天下的愿景和可攻可守的策略。《三国志·蜀书·诸葛亮传》有记载如下。

自董卓以来，豪杰并起，跨州连郡者不可胜数。曹操比于袁绍，则名微而众寡，然操遂能克绍，以弱为强者，非惟天时，抑亦人谋也。今操已拥百万之众，挟天子而令诸侯，此诚不可与争锋。孙权据有江东，已历三世，国险而民附，贤能为之用，此可以为援而不可图也。荆州北据汉、沔，利尽南海，东连吴会，西通巴蜀，此用武之国，而其主不能守，此殆天所以资将军，将军岂有意乎？益州险塞，沃野千里，天府之土，高祖因之以成帝业。刘璋暗弱，张鲁在北，民殷国富而不知存恤，智能之士思得明君。将军既帝室之胄，信义著于四海，总揽英雄，思贤如渴，若跨有荆、益，保其岩阻，西和诸戎，南抚夷越，外结好孙权，内修政理，天下有变，则命一上将将荆州之军以向宛、洛，将军身率益州之众出于秦川，百姓孰敢不箪食壶浆以迎将军者乎？诚如是，则霸业可成，汉室可兴矣。

诸葛亮这一战略性的描画把此后中原数十年的发展囊括其中，预见了三国鼎立的局面。

从这两个例子中我们可以看到，卓越的规划不论是战术性的还是战略性的，都是在充分把握资讯、分析环境因素的基础上，加上智慧创意的发挥才形成的。这些因素之所以能交互运用且有加乘效应，则是建立在对自己和对手的全面了解之上的。

孙武在《孙子·谋攻篇》中说："知己知彼，百战不殆；不知彼而知己，一胜一负；不知彼，不知己，每战必殆。"这是对自己和对手深入了解的重要性的最好诠释。中华经典浩瀚似海，是后人应当珍惜的宝藏。

四、SWOT 分析

西方的管理科学对深入了解自己与他人有着较为具体的陈述。最重要的一个方法是就将我方与对方的真正状况进行细致的分析，以优势（strength）、缺点（weakness）、机会（opportunity）、威胁（threat）四方面为分析的主体，这就是SWOT分析法。优势与缺点是内在的因素，和企业的组织、人员、文化、资源、程序等有关；机会与威胁是外在因素，和自然变化、竞争态势、市场动态、国际情势等有关。

（1）优势（S）

在分析我方的优势时，常见的问题如下。

● 核心能力是什么？

● 创新能量如何？能否持续强化核心能力？

● 组织文化如何？能否支撑工作要求？

● 我方引以为荣的成果是什么？能否发扬此光荣成果？

● 有什么独特资源可以应用？

● 对手觉得我方的长处在哪里？

（2）缺点（W）

在分析我方的缺点时要诚恳地检讨下面这些问题。

● 人力是否太少，不能支持发展？

● 人力是否过多，导致成本过高？

● 组织是否太繁或太简，影响效率？

● 作业程序是否合理，可需改进？

- 下情能否上达？

- 赏罚是否分明？

- 能否发挥团队合作精神？

- 资金有无缺口？

- 同人对愿景有无共识？

- 对未来发展有无长远规划？

（3）机会（O）

在分析可能面临的机会时，需要关注的方面如下。

- 环境可能存在的变动。

- 技术发展所衍生的变化。

- 价值链上成员的变化。

- 企业关系人的变化。

- 全球化浪潮带来的影响。

- 政府人事及法规的可能变化。

- 国际贸易关系国家与地区的改变。

（4）威胁（T）

在分析可能面对的威胁时，需要关注的方面如下。

- 供应链的改变。

- 相关法规变化的影响。

- 技术改变所引发的市场变数。

- 金融市场引起的资金管理变动。

- 竞争者变化带来竞争环境的改变。

- 社会多元化的挑战。

- 国际化的变革。

- 全球温室效应的影响。

- 全球性传染病及环境卫生祸患的蔓延。

SWOT 分析法并没有一定的模板必须遵循，上面所列出的各项只是作为讨论的开端。一般来说，SWOT 会议第一阶段为分析，组织内的核心团队应全员参加。这是一个头脑风暴的过程，每人都可平等参与。此阶段最好由一位善于协调的高层主管做主持人。主持人需准备白纸数张，分别标示 S（Strengths）、W（weaknesses）、O（opportunities）、T（threats），见图 6-1。参与者踊跃提出意见，不做辩论。主持人只做加法，凡有意见，一概列入适当范畴内，亦无须具名。

S（优势）	W（缺点）
O（机会）	T（威胁）

图 6-1 SWOT

待四个方面的内容均已填写，或已无新增项目时，即可进入 SWOT 会议第二阶段：建立共识。此阶段主持人就每项内容和参与者共同检视，并讨论所列各项的优先次序，亦可决定前若干条为现阶段共识。

第三阶段为全体与会人员针对因应措施，提出策略性建议。

会议之后，在短期内应形成书面的总结。总结应检讨重要的、指标性的数据及策略建议。公司主管应随之考虑召开策略规划会议，参加者以高层人员为主，研拟可行的计划策略。策略确定后，主管应以适当方式将其反馈于原参加分析的核心团队。

SWOT 分析参与的人员应于策略施行后的一年或两年周期性地进行讨论，可以凝聚共识，发挥团队精神，亦可检验策略的实施情况并做适当修正。

因 SWOT 分析法的概念简单、运用灵活、方式多样，故广为企业界所采用[1]。如杜邦公司对策略规划甚为关注，因公司业务范围甚广，产品数千，故各营业部门必须进行周期性总结，汰旧换新，以维持其市场竞争力。其他各大公司大都如此。惠普公司在 20 世纪 70—80 年代，其年度信息产品组合中如有在市场中超过 5 年者必有自动下架期限，亦是经过 SWOT 分析后得出的结论。

[实例一]　新竹工业技术研究院的策略规划

新竹工研院于 1973 年成立，以促进工业技术升级为宗旨。工研院独立于行政系统之外，为民间组织，以财团法人形式运作，谋求其有较高的效率及可确证的成果。它是台湾地区规模最大的技术研发机构，是创新机制中的关键性成员，是产、政、学之间的桥梁。工研院因接受行政管理部门经费的捐赠，并担负关键性科技开发的任务，故由行政管理部门组织董事会为政策管理单位。至于院务之执行，由院长负责[2]。

我在 1983 年出任新成立的工业材料研究所所长，1988 年继任工研院院长。上任后不久，我深感任重道远。历经 15 年，工研院的组织模式、运作机制已与现实脱节。我感觉必须革新组织，方能支撑科技研发及创新创业工作。为建立共识，1990 年我邀请全院各所各中心组长以上同事 100 余人，在阳明山进行"头脑风暴"。工研院大部分同事彼时对 SWOT 分析法较为陌生。但会议开始后，他们大多感到新奇有趣，踊跃参与。据当时记录，主要结论如下。

1. 工研院现况分析（1990 年）

（1）优势（S）

①工研院是台湾地区自然科学及工程学科硕士毕业生就业首选。

②工研院对海外资深科研人士有吸引力。

③应用研究专业气氛浓厚。

④各所有显著成果，受工业界肯定。例如，电子所的集成电路，机械所的二冲程机车，材料所的碳纤维自行车，化工所的无氟冷媒。

⑤行政管理部门了解工研院运作并予支持。

（2）缺点（W）

①全院对薪资奖金与人员升迁机制缺乏一致做法。

②院方与各研究所甚少沟通。

③各研究所间合作甚少，人员极少流动。

④员工的医疗、退休等缺乏保障。

⑤员工待遇比工业界低，人员流失率高。

⑥研究计划产生及评估的标准不清晰。

⑦各所对技术转移及技术契约拟订缺乏一致标准。

⑧员工对工研院的长远发展缺乏信心。

（3）机会（O）

①台湾地区十大建设逐步完成，经济起飞势头极好。

②各界对技术升级的重要性有共识。

③当局重点科技项目越来越多，有待合格的机构承接。

④工研院的核心技术有供不应求之势。

⑤国际性企业来台合作者日益增多。

⑥大陆在进行现代化改革，两岸产业合作发展的机会增加。

（4）威胁（T）

①管理机构年度预算审查过程对工研院习难甚多。

②管理机构中各派系倾轧，造成工研院压力。

③若干企业领导质疑工研院的角色是否形成竞争。

④各所管理阶层缺乏团队合作文化。

⑤各所注重发展高新技术，似乎与现代传统工业脱节。

此为20世纪90年代初工研院所处的环境。简言之，前景甚好，但困难极多。我和两位副院长及各所所长数度商讨后，达成几项策略。

（1）全面革新行政服务制度，采取马斯洛（Abraham Maslow）需求理论作为行政服务措施的基础，在全院建立创新文化。此理论与孔子的理念相通，在施行中容易为人所接受。

（2）实行全院绩效评估，统一薪资政策、职务调整、生涯规划、进修退休等程序，以建立公平、激励、充满前景的工作环境，彰显院方对员工的尊重。

（3）确定"开发高新技术工业"及"促进传统工业升级"为全院技术工

作两大目标。传统中小企业占台湾地区企业数 90% 以上，提供极大部分就业机会。这些企业急需采用高新技术，提高其竞争力，故其发展实与高新技术相辅相成。两者互相配合的策略可扩大工研院的绩效。

（4）改良院区建设，包括实验室、办公室、会议室、餐厅、运动场所及育成中心（孵化器）等。

（5）深化与企业界合作，协助其向大陆及全球发展。

这些工作的主要目标在强化工研院"体质"，建立创新文化，使工研院的技术及人才成为台湾地区工业界的中坚力量。故工研院的人才多年来广受产业界欢迎。此后 10 年中，工研院成功开发的技术及设备，如笔记本电脑、高亮度发光二极管（HBLED）、关键性电子零部件、高级软性电路板、汽车共同引擎、人造皮革、自动化设备、工业自动化、工业废水废气废物污染防治技术、工业安全卫生技术、航空太空组件技术、度量衡标准化、高级工业量测、能源使用效率、绿色能源发展设备等，各项工作开发过程中的策略规划都离不开 1990 年阳明山会议 SWOT 分析法研习的影响。各所领导团队逐渐将 SWOT 分析法分享给所内员工，所以分析评估蔚成风气。

五、企业竞争力的五要素

20 世纪 70 年代末期，哈佛大学教授波特（Michael E. Porter）认为 SWOT 分析法虽然易用，但过于主观，忽略了市场中其他参与者的影响。他提出一个分析模式，可以系统地考虑各种市场参与者的动态。他认为一个企业的获利率受五个竞争因素的影响：供应商的议价力、购买者的购买力、现有竞争、潜在进入者的竞争威胁和替代者的威胁。[3]。此理论于 2008 年修订，基本架构如图 6-2 所示。

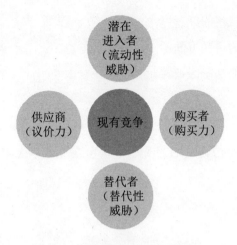

图 6-2 企业竞争力五要素模型

这些因素都属于微观经济的范畴,并不是说行业内的公司都受到同样的影响。因为每个公司都有不同的特点及核心力量与策略,故其竞争力的高低各有不同。针对五项竞争因素分别说明如下。

1. 供应方的议价力

如果企业可从多处购买原料或元件,企业的谈判筹码自然增多。这和"顾客方的筹码"类似,不过换了一个位置而已。许多供应方认为下游企业的获利率既高,便产生向下整合之意愿,而成为新进场者。有的企业为巩固供应选择向上整合。这两者在消费性市场中都常见。

2. 购买者的购买力

如果顾客可从许多地方买到同样物品,顾客的谈判筹码自然就多,这称买方市场。相关因素包括以下几项。

①顾客数。

②买方的更换成本。

③买方对现有渠道的依赖度。

④买方对产品规格的敏感度。

⑤可替换产品的可获得性。

⑥可替换产品的功能区别。

3. 现有竞争

这是许多企业所遭遇到的最大的竞争所在。竞争因素主要可由下列几项决定。

①功能差异。

②价格优势。

③质量保证。

④服务能力。

⑤供应链管理能力。

⑥创新及可持续的竞争优势。

4. 潜在进入者的竞争

如果行业获利甚高，可使投资者见猎心喜、跃跃欲试。"新人"进场后，显然会降低"老人"的获利能力。行业中存在若干因素对进场者有影响。

①进场障碍，如专利、授权等。

②资本性支出。高资本支出对进场不利，但网络的发展已减少资金需求。

③经济性规模的大小。经济性规模大不利于新竞争者进场。

④替换性成本。

⑤销售渠道的开放性。

⑥客户忠诚度。

⑦政策法规。

需要注意的是，对新竞争者进场有影响的因素时常是多方面而非单方面的，企业采取进场策略和措施时必须要深思熟虑。

5. 替代者的威胁

当今时代，常有新产品或新技术可以满足市场上的需求，甚至更好、更能、更廉、更快。最常见的例子如相机与手机、手机与座机、高速铁路与汽车、瓶装水与汽水等。影响新技术取代的因素很多，常见的如下。

①顾客的喜爱度。

②取代品的相对价格与表现。

③产品的区分（低价或功能区分）。

④顾客的更换成本。

⑤取代的难易度。

⑥市场上提供的可取代产品的品种及数量。

这类情形在科技产品中甚为常见，如打字机、自动打字机、打印机、摄影机为电脑所取代。

波特的竞争力五要素分析法其实是企业分析的起点，而不是结果。这种分析法适合于某一企业、单一公司，而非全体企业，所以它属于微观经济的范畴。实际上这种分析方法忽略了参与者之间的互动及相互影响，如企业与上下游的合作等。然而在过去 40 年中，这个分析架构受到全球性企业的重视。它被作为策略规划的基本，是一个策略计划过程的开端，而非结束。

在 2008 年的修订本中 [4]，波特对信息科技于企业竞争优势作用的分析着墨甚多。特别是在互联网和信息管理技术的影响下，新竞争者的投资规模变小，进场障碍降低。

[实例二] 　通用电气公司从创新领导宝座溃退的反思

2017—2018 年，美国最负盛名的道琼斯工业平均指数成员股平均增长 15%，但通用电气公司（以下简称 GE）负增长 55%，每股股价低探至 12.95 美元，是所有 30 只成员股中的最低数。GE 表现的低迷不振，已经有连续数年的轨迹可寻。当 2018 年 6 月 28 日道琼斯指数将 GE 从成员股榜上除名的消息传来，在全球科技产业中仍然引起了极大的震撼。GE 从道琼斯指数设立开始时便已名列 12 家标杆工业金榜。这个科技巨人的浮沉，我觉得有不少教育意义。

通用电气公司是 1892 年华尔街人士为将爱迪生在电灯电机方面的发明商业化而成立的公司。一百多年来，一直是科技创新的摇篮。许多蜚声遐迩的科技公司都和它有密切的关系，或者是其子公司，或者与其是伙伴，或者是其投资的企业。

GE 在商业化方面的创新，除多种款式的电灯外，有发电设备、电机车头、X 光机、语音传播设备以及电视机等家用电器，还有真空管、工程塑胶、核能发电机件、激光器件、计算机、医疗仪器、输油管线、商用喷射引擎等，林林总总，是美国制造业的缩影。

20 世纪 70 年代，雷格·琼斯（Reg Jones）担任总裁时，GE 公司的组织庞大而复杂。其时公司下分 9 个集团，40 个部门，有 190 个营业部分属于 40 个策略单位。1980 年 GE 的员工总数约为 40 万人，营收达 250 亿美元。GE 在美国企业界居领导地位。美国卡特（Jimmy Carter）总统在处理欧佩克（OPEC）油价高涨、经济恐慌、美国驻伊朗大使馆危机之时，琼斯时常在白宫为卡特参赞筹谋，对联邦政府预算及金融储备方面贡献良多。他的另一项重要工作是为公司选拔接班人。经过数载的挑选及试用，45 岁的韦尔奇（Jack Welch）脱颖而出，于 1981 年出任 GE 总裁[5]。

韦尔奇在获得伊利诺伊大学化学工程博士后，于 1960 年进入通用电气塑料部（GE Plastics Division）从事研发工作。开始时，他自觉是公司人才库中的弃儿，不受关怀。然而他的处世和管理才能，几年内便被公司高层注意。经次第拔擢，韦尔奇 37 岁时已成为通用电气零部件和材料集团（GE Components and Materials Group）总经理，负责塑料及医疗系统。此时公司推出计算机辅助断层扫描仪（Computer Aided Tomography Scanners，CAT Scanners），大受全球医院欢迎。此产品单价达百万美元之巨，但订单源源不绝。他又负责与纽约州政府谈判哈得逊河多氯联苯（PCB）清理赔偿案，以一次性付款300万美元换取既往不咎的承诺。他处事明快，使双方均满意结案。

1. 韦尔奇时代之策略

韦尔奇在1981年接任总裁后，深觉公司组织及业务必须精简。他提出一个策略："要做第一或第二，否则就要整理、关闭或脱手。"给予业务主管一个清晰的目标，言简意赅。就是说你的业务必须是国际市场中的顶尖领导，否则就不用干了！所以各部门主管都忙着去做SWOT分析并落实检讨市场竞争力。

1982年，韦尔奇提出一个三圆圈理论，作为GE未来发展的目标[6]，如图6-3。第一个圆圈是核心业。这里面是GE的核心产品，如照明设备、家用大型电器、马达、运输引擎、建筑装备等，发展的策略是增加生产力及提高质量。第二个圆圈是服务业，如GE信用贷款、建造、工程、核能、能源服务等，发展策略是加强优秀的人力及收购。第三个圆圈是技术业，如工业电子、医疗系统、材料、太空及飞机引擎等，发展策略是加强研究发展以保持它们的前瞻性优势。

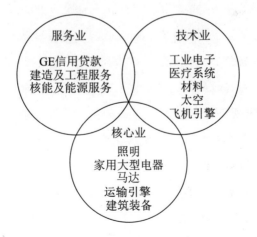

图6-3　韦尔奇的GE企业发展策略

韦尔奇的愿景是在10年之内，GE的每一个企业都能具备独特性、多元化、高盈利、精力旺盛、富有创业家精神、具有世界级的质量。这个愿景和重要的策略指引，使各业务部门及集团都有所遵循，所以整个公司都致力于运作体制的改革及效率的提升。

这些缩少、裁减、抽层的工作很快就有了效果。GE公司在几年内，员工人数从40万的降低为33万，随后保持在30万以内。公司在这过程中成本降低，利润增加，股价节节升高。韦尔奇赢得了"中子弹杰克"（Neutron Jack）的称号，意思是说，他像一颗中子弹，把人夺去了，却保留了建筑物及设备。

在三个圆圈策略下，1981—1990年，韦尔奇关闭了200多家相关企业，收回了110亿美元资金。但为了GE公司的持续发展，他添购了约370家企业，花费了210亿美元。添购的企业不完全是专业公司，许多是集团企业，如西屋电气（Westinghouse）、美国广播唱片公司（RCA）等，它们本身亦是由质量不同的公司所构成的。

2. 韦尔奇的组织革新

到了20世纪80年代中期，韦尔奇觉得基础建设及人员的裁减工作已经大致完成，应着重企业文化的改革了。他决定要让公司充满迅捷、简单及自信的气氛，所以他在全公司开展了锻炼（work out）计划。他采取美国人习惯的"乡民会议"（town meeting）的方式，要求部门经理和员工在舒适、没有压力的环境下一起进行"头脑风暴"。他要求员工尽量提出问题，经理要在散会前回应。问题包括提案是否可行、如何实施、如何评估结果等。假如经理不能实时做出具体回答，则应承诺在何日前给出答案，不得推延。

这种沟通促使公司运作中的问题能够得到迅速解决，同时也能发现新的作业方案。GE的全球化构想，就是在乡民会议中首先提出的，当时只限于如何结合加拿大、美国、墨西哥的优势于产品的制造过程中。这种会议的演变也促成了GE在纽约的克劳顿村（Crotonville, New York）建立了一个大规模、高格调的训练中心。许多GE的经理都经过该中心的陶冶。韦尔奇本人每月都会到中心和员工晤谈，不分级别。他很喜欢在中心讲课。

韦尔奇特别注重对员工个人的激励和士气的提升。经过多次讨论，他决定改革计算员工薪资报酬的办法，扩大股票期权（stock option）的授予范围。基本上从高层职工向下扩大，受惠员工数目从 300 人增加为 3 万人。这是一个非常大胆的开放性做法，获得了员工的充分支持。有人称赞这种措施，说它赋予职工发挥创意的自由。GE 是公认的美国标杆企业，这些革新措施是在多方关注下进行的，受到社会公众的检视。韦尔奇因此声名鹊起，成为企业管理实践的名家。

在 20 世纪 90 年代中期，韦尔奇继续采取了许多新措施。他在家用电器服务中心设立 24 小时服务电话专线，以方便顾客。尽管家用电器的销售网遍及全美，但是用户如有问题，一通电话便有专门人员回应，这就为产品增加了使用价值。

韦尔奇看到联合信号公司和摩托罗拉公司实行六西格玛（Six Sigma）的方法改良制造工序、提高品质，就马上见贤思齐，在 GE 公司内轰轰烈烈地推动，效果比其他公司更好。1996 年，六西格玛项目开始不久，GE 的效益与成本约略相等，各为 3 亿美元左右；到了 1998 年，成本约 5 亿美元，效益已达 13 亿美元。他认为六西格玛亦是人才培养的一个重要的方法。

韦尔奇提出领导人才要具备 4E，即能力（energy）、热忱（enthusiasm）、优势（edge）、执行（execution）。在公司内，他加强推动绩效评估制度，提出生命力曲线（vitality curve）的概念。这个概念是指一个 10 人以上的团队，人员绩效可分成 5 个层次，即 10% 为卓越，15% 为优异，50% 为良好，15% 为普通，另 10% 为绩效未达标。卓越和优异者应有特别奖赏，未达标者应予辞退，这样才能保持团队的生命力。他认为辞退人员是难堪的事，但是必须要做的事。这样对组织、对个人才算公平。离开的人并不是不好，而是组织与个人间磨合不良。说不定对个人而言，换一下环境会有更好的发展前景。

3. 公司的转型

韦尔奇认为服务是企业最终的目标。GE 原是一个技术产品公司，必须加强服务的比重。他主持了许多重大的并购案，把 GE 拓展到天然资源开采的工程服务领域，又大力扩展金融服务及租赁业的运作，使顾客能方便地得到服务。在 1981 年他新任总裁时，GE 的营收中 85% 是产品，15% 是服务。这个比例逐年改变，到 2000 年他退休时，GE 的营收中，产品占比已减少为 25%，服务则增加为 75%。可见公司的策略路线一步一步地使公司发生了质变。

1999 年，韦尔奇看到网络发展的趋势对公司运营将有重大的影响，所以他告诉 GE 的经理人必须重视互联网对企业的"破坏性"影响，要考虑如何利用互联网达成企业运作的目标。他建立了一个网站 destroyyourbusiness.com，简称 dyb.com，作为讨论及规划的平台。可是，这时已接近他任期的尾声了。

在韦尔奇任期中，GE 的营业额从 1981 年的 272 亿美元增长到 1990 年的 526 亿美元、2000 年的 1298 亿美元，市场价值从 130 亿美元到 503 亿美元、3894 亿美元。这是令人震撼的成绩，无怪乎韦尔奇光环十足，《福布斯》杂志称他是"世纪性的企业总裁"。

4. 韦尔奇退休后的 GE

2001 年 9 月韦尔奇退休，杰弗里·伊梅尔特（Jeffrey R. Immelt）继任 GE 总裁。杰弗里跟随韦尔奇多年，是韦尔奇所中意的接班人。杰弗里接任之后开始重整公司组织及业务结构，缩减对金融服务的投资，重新将公司聚焦于产品上，并将 GE 的石油、天然气相关部门和油田服务公司贝克休斯（Baker Hughes）合并。公司还投资了 3D 打印技术及软件开发，预期改善从飞机引擎到风力发电装备等多种设备的制造技术。然而"9·11 事件"使飞机引擎企业大受影响，进而市场紧缩。2008 年金融危机爆发，油价低落，GE 遭受重创。在杰弗里任内，GE 所有业务均呈萎缩状态。

2017 年 6 月，GE 董事会将杰弗里解职，任命约翰·弗兰纳里（John Flannery）为总裁，责成其扭转公司颓势。约翰·弗兰纳里上任后立即采取若干措施，以降低成本为要点，如减少高层薪资、裁缩高层专用航空队、延迟总部兴建、出售若干企业（如贝克休斯等）等。

2017 年，GE 公司营收约 1220 亿美元，股票价格下跌 45%。2018 年，董事会取消所有高层管理者的奖金，此为公司创立百年之首次。2018 年 6 月，GE 被道琼斯指数除名。2018 年 10 月，董事会宣布约翰·弗兰纳里离职，旋即聘请小劳伦斯·卡尔普（Lawrence Culp, Jr.）接任。卡尔普的专长为企业管理与整顿，各界期待可以从外界客观立场分析 GE 当前的危机，采取有效措施，使这个有百年光荣历史的创新楷模能够重振昔日的雄风[7]。但 GE 公司外部环境对卡尔普的挑战极高。2021 年 9 月 GE 公司宣布，GE 将分解为三家企业，分别主管航空、医护、绿能业务，其他业务将全面退出。此分拆工作将在2023—2024 年完成。预计 2024 年以后，GE 公司将只有航空太空业务[8]。至于 GE 起家的照明企业已先期于 2020 年出售。

5.GE 从创新领导宝座溃退的反思

爱迪生是一个充满创意的发明家。他没有受过正式的大学教育，但据统计他获得了 1093 项美国专利，涵盖电灯、电话、电影、电力等有关的元件、组件、产品及系统。他的科技创新成就可说是世纪性的。爱迪生对科技发展充满憧憬，但绝不好高骛远。他有过人的组织力，知道如何带领科技人员从事科学研究及技术开发的工作，所以当时华尔街的投资者很乐意加入他的创业团队。通用电气公司是以约翰·皮尔庞特·摩根（J. P. Morgan）为首的投资人在 1892年为科技成果商业化而成立，主要目的就是利用爱迪生的专利和他源源不断的创新能量。然而爱迪生不是这个公司的总裁，因为投资团队选择了一个既懂得商业模式又擅于经营的高手查尔斯·A. 科芬（Charles A. Coffin）作为商业化的领导者。虽然爱迪生有些失望，但他尊重团队的决定。终其一生，爱迪生受尽GE 的敬重。从另一方面说，GE 从开始的第一天就非常注重总裁的人选，这个人不一定是科学家，但必须要有前瞻性思维且擅于企业经营。

杰克·韦尔奇在 1981 年成为 GE 的总裁，甄选程序精密、富有创意，其后又有一段"试用"的过程，所以他的就任是实至名归。当然，他亦不负众人所望，对公司的 SWOT 了解详尽，上任后即认识到公司过于庞大，必须进行精减，一方面降低成本，另一方面提高效率，双管齐下才可提高公司运营效率及投资利润。这是短期内提升公司财务效能的策略性思维，无疑是十分正确的。

韦尔奇接着提出两个战术性的策略，以达成上述的构思。一个是"第一或第二，否则就出场"，另一个是"三个圆圈"。这两个策略简单明了，一经公布，GE 公司各部门纷纷响应，不到三年，就优秀成果展现，公司的营收增加，获利大幅增长。公司在市场中大放异彩，韦尔奇个人的荣誉也纷至沓来。这些发展为韦尔奇后来强化公司"体质"提供了条件。

1990 年之后的 10 年中，韦尔奇在 GE 推出多项经营体制革新的措施："锻炼"计划、乡民会议、全球化、绩效评估、人力资源培训、4E、5S、六西格玛等，都得到广泛的好评与支持，许多措施被企业界所仿效。

然而韦尔奇退休不久，美国经济及社会环境丕变。GE 继承人招架乏力，且公司管理机制也似乎无法支撑，所以营收萎缩、利润日薄、股价下滑，终于在道琼斯指数中被迫出局，百年光辉毁于一旦。在此时间点，美国及全球各行业均受大环境的负面影响，对 GE 的冲击为何特别严重？

实际上，这 30 年正是美国知识经济迅速发展的时期。当韦尔奇声望如日中天之时，从事电子、计算机、电信、硬件、软件制造的公司及服务的公司如苹果、微软、谷歌、脸书、亚马逊等，或方始萌芽，或伶仃奋斗。但这些新秀之崛起与 GE 之陨落对比呈两极化，岂不异哉？

究其原因甚多，未能尽表，唯有数点较为清楚。第一，20 世纪 80—90 年代的美国企业领导多以追逐短程利润为重点，公司长期发展为次要考虑，韦尔奇也不能免此想法。GE 如要考虑市场获利为第一或第二，则必为此时可预见的市场，此为短程考虑，已无虑远思深的可能。重要的创意或创新难免被放弃。此策略缺点甚为明确。第二，在韦尔奇领导下的新购企业比被裁撤企业多。此等并购是否亦采用"非第一或第二不可"的规范？如执行有双重标准，便是策略实施一大漏洞。第三，"三个圆圈"所描述的企业均为极成熟的企业，缺乏鼓励创新的方案。圈内企业渐为老化。老子有言："坚强者死之徒。"不只技术老化，企业组织也随之僵化。故各个企业灿烂开花之后，只能日渐枯萎，无以为继。由此观之，韦尔奇为一优秀战术性策略家，但非战略性策略家。他领导 GE 公司 20 年之久，公司的长期竞争力如此脆弱，诚非意料所及。

据资料所示，在 20 世纪末期，GE 公司 75% 的营收是服务性企业所得，一半以上的收入来自其金融管理方面的业务。故 GE 公司的性质已产生变化，已从科技应用转为金融服务，即使爱迪生复生也必不复认识。公司如为实体金融服务企业，则所有科学技术工作徒为增加营业成本，已与公司成败无关。

2020 年 5 月 27 日，GE 公司宣布已将照明企业，包括 LED、太阳能等现代化的产品线出售给赛万特（Savant）公司。自此以后，爱迪生所发皇及 GE 所称霸的照明企业，为社会大众带来光明的产品逐一熄灭。百年企业，如此下场，令人唏嘘。

总而言之，韦尔奇是杰出的企业管理人，但不是杰出的创新领导者。中国的老子言："反者道之动，弱者道之用。"此为持续性创新的基本，可惜韦尔奇见不及此，否则以其见贤思齐、处事明快的作风，必有崭新的策略，以延续 GE 公司的创新传统。中华经典之于创新创业文化，其影响实为重大，后学者不可不知。

第七章

老子与创新

用无守柔　知反回真

孔子问礼于老子，是中华文化史上的千古佳话，我们先看看司马迁的记载。

孔子适周，将问礼于老子。老子曰："子所言者，其人与骨皆已朽矣，独其言在耳。且君子得其时则驾，不得其时则蓬累而行。吾闻之，良贾深藏若虚，君子盛德，容貌若愚。去子之骄气与多欲，态色与淫志，是皆无益于子之身。吾所以告子，若是而已。"孔子去，谓弟子曰："鸟，吾知其能飞；鱼，吾知其能游；兽，吾知其能走。走者可以为罔，游者可以为纶，飞者可以为矰。至于龙，吾不能知，其乘风云而上天。吾今日见老子，其犹龙邪！"（《史记·老子韩非列传》）

孔子对老子的睿智衷心佩服。老子和他谈修身养性，这是孔子熟悉的课题。然而老子简单的几句话，指出孔子修身方面的问题，使这位后起之秀目瞪口呆、无以言之。

我不是研究老子的学者，我只是把个人的一些感悟与读者分享。特别是《道德经》与创新有密切关系的几点和一些案例，其中有六个重点。

- "有之以为利，无之以为用。"
- "天下万物生于有，有生于无。"
- "既以为人己愈有，既以与人己愈多。"
- "反者道之动，弱者道之用。"
- "图难于其易，为大于其细。"
- "祸兮福之所倚，福兮祸之所伏。"

一、"有之以为利，无之以为用"与工业产品使用价值

当我读到《道德经》第十一章的时候，大吃一惊。老子说：

三十辐共一毂，当其无，有车之用。埏埴以为器，当其无，有器之用。凿户牖以为室，当其无，有室之用。故有之以为利，无之以为用。

老子怎么像一个工程师在说话呢？他不是一位形而上的理论学家吗？

《道德经》第十一章中的"三十辐共一毂"，"辐"就是古代马车车轮上一条一条相交在中心的木棍，"毂"就是中心被挖空的部分，见图 7-1。在两毂之间加入一个轴，可以将轮子连接在一起，轮子滚动时车轴就可水平移动，马车就可以前进或后退了。车上可以坐人或载货，实现其设计功用。

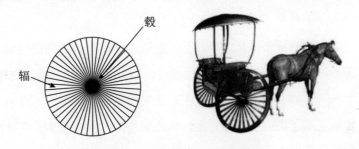

图 7-1　古代马车及车轮示意图

这是"三十辐共一毂，当其无，有车之用"的道理。轮毂是交通工具非常重要的部件，它不只运用在马车上，也运用在汽车、飞机上。虽然我不确定是谁最早发明的辐和毂，但老子在 2500 多年前已经指出了"有无"在工程上一个非常重要的应用。

"埏埴以为器，当其无，有器之用。"说的是研磨陶土以制作容器。无论是普通容器或酒杯，在制作过程中必须把中间的材料挖空，这样才能成为容器。这就是"有器之用"的道理。

不仅是容器，化学工厂所用的各种管线、反应器、蒸馏器等，都必须是在一个外壳里面有不同形状的空间才能使用。

"凿户牖以为室，当其无，有室之用。"我们盖房子要用石头、砖头或其他建筑材料。建筑里面必定得留出空间，外面要留好门窗，否则，再宏伟的建筑如埃及的金字塔，也只能当作坟墓。北京的国家体育馆"鸟巢"，主体为钢结构，内部空间超大，很多门窗与外界连通，是 2008 年北京奥运会及2022 年北京冬奥会的主场馆，能举办各类竞赛表演，容纳万千观众。这就是"当其无，有室之用"的道理。"鸟巢"的生机活泼不是金字塔的死气沉沉可以比拟的。

以上诸例就是对老子所讲的"有之以为利，无之以为用"的诠释。所以工业产品要有硬壳，但也一定要有空间。"有"定义了用途，而"无"提供了实用。这就是"有"和"无"相互配合的作用。工业产品大都依照这个原则设计应用。

所以，无论你要从事什么工业产品的制造，不管是内销还是外销，仅重视硬件是远远不够的，必须还要从功能方面下功夫，这是软件内涵的发挥。这种"有"与"无"的相互配合，也是工业产品发展的重点。

这是我所说的老子的自然相对论，一边是"有"，另一边是"无"。"有"是硬件，是指盈满的、具体的、现实的。"无"是软件，是指空洞的、虚幻的、意念的。"有"和"无"是相对的，但现实大多是中间状况，即"有"与"无"以不同的程度结合在一起：硬中有软，软中有硬。太极图是黑白相对，但黑中有白，白中有黑。在我们日常生活中，一个典型的例子就是天气。我们都知道，一年里真正的晴天或雨天其实不多，大部分时间是天晴时多云，或者是天晴时多云偶雨。社会现象也是同样，人间事物不完全是好的，也不完全是坏的。我们碰到的很多状况往往处于"灰色"地带。这对我们的考验就是，以什么样的态度看待人生，妥善地处理这些"灰色"地带。

从老子的理论来看，产品的价值是有无相生的，"有"是硬实力、是载体，"无"是软实力、是创意。"有"和"无"的有机结合形成了产品的完整价值，在产品的应用过程中，更可相辅相成。

20世纪，出现了很多前所未有的工业产品。货轮从亚洲到欧洲，从欧洲到美洲，到底靠卖什么为生呢？其实货轮是靠出租空间为生。通过六块板材组合而成的集装箱可以装载各种货物，将货物从一个地方运载到另外一个地方，就可以赚取利润。"有之以为利"，这个集装箱定义了装载的容量；"无之以为用"，是集装箱内部的空间真正发挥了使用功能。位于香港中环的中国银行大厦，是贝聿铭设计的著名作品。建筑外表通过简单的线条，凸显出长方形、菱形、三角形等几何图形，在阳光的照射下熠熠闪耀。夜晚用霓虹灯勾画大厦，更是壮丽。这座大厦建好以后靠什么维持或谋利呢？房产地价当然是其一，但可能高也可能低，可能快也可能慢。如果经济不景气，房产地价的前景如何则说不定。真正维持其每年收入的是大厦内部的空间，大厦的各层或租或卖，可以作为银行、会计师事务所、律师事务所、企业的总部等。这就是它盈利的途径。这两个例子是"有之以为利，无之以为用"的典型说明。

近代工业产品中一个绝好的例子就是计算机。计算机有各种硬件、软件，可以用来设计、理财、处理文件等。各种不同的功能可以通过不同的软件来实现，以完成不同的任务。计算机没有软件就失去了作用；没有硬件承载，软件就无法运行。软硬件相互依存，共同发挥作用。

再比如智能手机，虽然硬件在一段时间内不能有所改变，但软件和服务随时可以升级。硬件价值是相对固定的，软件价值应用户需求的叠加而不断增加，产生新的收入。所以手机和其他工业产品一样，它的价值同样是靠"有"和"无"配合完成的。

不只产品，产业趋势也是这样的。以计算机产业为例，它主要由五大部分组成：第一是芯片，也就是集成电路；第二是系统硬件，组合而成计算机实体；第三是操作系统软件，这是计算机运作的中枢神经；第四是应用软件，因应不同用户的需求配置不同的应用系统，实现不同的功能；第五是销售渠道。在 20 世纪 80 年代，美国有四家计算机公司最具代表性，分别是 IBM、DEC（Digital Equipment Corporation，美国数字设备公司）、Sperry Univac（斯佩里—通用自动计算机公司）和 Wang（王安计算机公司）。这四家公司的商业模式是垂直整合。每家公司以自身力量完成计算机产业的五大组成部分。那个时代的计算机产业是谁拥有硬件谁就控制产业。

到了 20 世纪 90 年代，计算机工业的五大组成部分还是一样，但产业环境已经发生改变。领导制造芯片的有英特尔、台积电、摩托罗拉、三星等企业。计算机组装公司有康柏（Compaq）、戴尔、惠普，以及日本、韩国等国和中国台湾的公司。操作系统则包括 DOS、Windows、Unix、Mac 等。应用软件如 Word、PowerPoint、Exel 等，形形色色。至于销售，各大计算机公司销售部的影响力已经远不如前。消费者此时已可从各贸易商或通过邮购取得计算机。各个组成部分都涌现了多家新秀参与竞争，计算机产业由垂直整合模式过渡到水平分布模式 [1]。

2000 年之后又不一样了，计算机产业模式进一步转变，由水平分布模式过渡到全球供应链管理模式。传统的软硬件公司逐步过渡成为管理服务性的公司。举例来说，戴尔在美国已不再生产电脑，只负责接单和分配工作。公司在全球有六大制造中心，负责总成及测试，所有子系统及零组件概由供应商负责。所以供应链管理效率成为计算机产业的重要元素，此为产业软实力所在。

从以上诸多案例中可以看出，从产品到产业，无一不符合老子所讲"有之以为利，无之以为用"的道理。

二、"天下万物生于有，有生于无"带来云计算社会

《道德经》第四十章里说："天下万物生于有，有生于无。"万物以"有"来表现，"有"是从"无"产生的。这是什么意思？从"无"生"有"，这听起来是很奇怪的事情。以工业产品为例，"无"就是构想，有了构想才能形成具体产品。在当今的知识经济环境中，云计算和大数据都是很好的例子。我们今天用个人计算机或智能手机（硬件）就可得到各种云服务（软件），透过"虚无缥缈"的空间满足需求，可不是"无"中生"有"吗？

《道德经》第四十二章中说："道生一，一生二，二生三，三生万物。"我们可以认为一和二就是黑和白或虚和实。但天下之事绝大多数不是绝对的黑或白和虚或实，而是介于黑白、虚实之间的"灰色"地带，那就是"三"。如何利用和妥善处理"三"，才是人们真正面对的考验和机会。这就是创新创业文化价值的核心。在工业产品中，"三生万物"指的就是要适当利用和发挥"以硬件装载软件""以软件充实硬件"之间的关系。

从 20 世纪 80 年代到现在，计算机已成为大众不可或缺的工具。计算机被应用在家庭、办公室、会议场所、旅行途中，成为大众生活的一部分。现今大众对计算机的要求标准是很高的。首先要求方便，只要接入电源，一按开关，计算机便可以使用。其次是不论在什么时间、地点，只要有需求，就能使用计算机，且价格便宜，可先使用后结账。在 20 世纪末以前，一个企业或办公室要开设营运时必须先准备好 IT 系统，成立 IT 项目组，讨论购买什么计算机、什么软件和聘请什么样的工程师，然后下单、安装、协助使用者解决各种问题。公司开始运营了，还要做好随时宕机和维修的准备。现在计算机的使用已进入新的租赁服务模式，即直接向云计算供应商购买服务 [2]。这样企业可以节省用于购买相关硬件、软件、技术以及维护运行的大量费用。用户可在任何时间、

任何地方，通过计算机或手机等终端按需要弹性付费和使用，就像打开自来水龙头就能用水一样方便快捷。

云计算服务包括 IT 基础设施服务（IaaS）、平台服务（PaaS）和软件服务（SaaS）几种类型 [3]。比较典型的国外云计算服务商有亚马逊、谷歌、微软、脸书及各地的电信服务公司。国内的腾讯、华为和阿里也都是重要的云计算服务商。

当代云计算创新的事业实在是非常多，遍及设计、时尚、商务、益智、资讯和社群互动等方面，五花八门。我们外出旅游使用 GPS 云服务规划路线，选择最合适的路径，如去哪里加油、吃饭等。我们使用便捷的教育培训服务，通过互联网上的多种渠道查找资料、获取知识，不再仅仅依赖于面授方式。我们的生活购物发生了极大变化，在网上下单购买，商品往往隔天就能送到，快的甚至只需一个小时。在社群和交流方面，我们通过微博或微信发表意见、沟通信息，瞬间即达，人与人之间变得零距离。通过云计算方式实现功能是现时经济活动的主流。这些都是由当代创新创业软硬实力的合作而造就的新产业。

"天下万物生于有，有生于无。"云计算服务发展的结果是，虚无的空间已衍生成为经济活动中一座非常重要的桥梁。

三、"既以为人己愈有，既以与人己愈多"与公用分享平台

老子说："既以为人己愈有，既以与人己愈多。"这是非零和博弈的道理。现今社会上有很多开放共用的平台、开放软件、智权互惠、产业合作，结果使产品设计的周期大幅度缩短。以前设计一辆汽车，大概四年出一个模型，现在两年就可以达成，皆因新材料的选择和使用、制造程序等可以通过云计算和大

数据不断改进和升级。智权互惠是指公司与公司之间，以授权使用的方式分享智权，但各自打造产品差异化竞争优势。这种产业趋势越来越明显。所以，开放系统、共同平台、智权互惠和公益服务等都是老子"既以为人己愈有，既以与人己愈多"的明证。微软公司的 Windows 操作系统，适合多数个人计算机业者共用，从而创造更多财富。这可以说是遵行老子所提倡的观念而不自知。

创新的竞争力是什么？就是软实力和硬实力的共生（图 7-2）。硬实力是产品的硬件部分，看得见、摸得着，这是硬件的性质。软实力是产品的虚拟部分，是设计与功能的结合。设计一个新产品，且希望这个产品能在市场上占有一席之地，一定要考虑它是不是有最好的硬件，是不是有最好的软件，软件的使用可否共享，功能是否能与时俱进等问题。这些都是重要的课题。

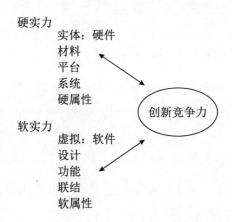

图 7-2　创新竞争力：硬实力与软实力的共生

现时企业所讲求的不仅是互联网，还有互联网+、物联网等[4]。物联网应用在商业[5]、交通、金融、民生、工业、农业、医疗、教育、政务等方面，可增强产品的使用价值，可让创业者在其中挖掘无穷的机会。

图 7-3 是 2020 年美国四家公司的市场价值。它们都是云计算产业领域的领先者，包括苹果、亚马逊、微软、谷歌的母公司（Alphabet）。这四家公司都是近 30 年创新活跃度非常高的公司，各自的市值在 2020 年 1 月都已超过

1 万亿美元，是知识经济的重要推手 [6] ！

The 21ˢᵗ Century Front Runners

The $1 trillion club

Apple, Microsoft, Amazon, and Alphabet are worth a combined $4.7T

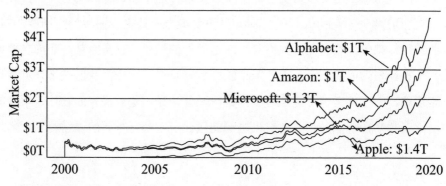

SOURCE: FactSet. Data as of 1/31/2020.

图 7-3　2020 年四家公司的市场价值

四、"反者道之动，弱者道之用"与创新之持续

　　创新和创业的持续性，是一个重要且困难的课题。我们先看看老子的相关理念。

　　《道德经》一书开宗明义就讲"道"："道可道，非常道。""道"究竟是什么？"道"是如何运行的？老子明白要把"道"说清楚是不容易的，所以他在书中从正面、反面、侧面，以多种方式来讲解"道"的运作。

老子的理念中，"道"是无所不在的，是天地万物演化的规则。"道"是动态的，而不是静止的。正因为其动态特性，万物才能够循环往复、生生不息。老子对自然的观察敏锐非凡。春天开花、夏天成长、秋天结果、冬天凋零，春夏秋冬四季轮转是一个自然过程。太阳东升西落，白天与黑夜交替，亦是每天的自然过程。

老子强调，人要知道"反"，也要讲求"弱"。人要效法自然，行健不息，就得能动能静。就像跑步，人从静止开始起跑，越跑越远，但若无休止地跑下去，终要倒地死亡。所以跑到一个阶段，人必得停下来休息。跑和停，动和静，相互交替。"反"就是周而复始、反复循环，即"反者道之动"。

《道德经》第二十五章："有物混成，先天地生，寂兮寥兮，独立而不改，周行而不殆，可以为天地母。吾不知其名，字之曰道，强为之名曰大。"其意思是，因为不知道自然运行之主宰该怎么称呼，所以老子就把它叫作"道"，勉强为它起个名字叫作"大"。"大曰逝，逝曰远。远曰反。"其中，"大"是充塞天地之间，"逝"是动而渐行渐远，"反"是返回原点，所以道是循环的。

老子又说："人之生也柔弱，其死也坚强。"我们知道刚出生的婴儿都是软绵绵的。等他长大了，骨头硬了，身体强壮了，变得有软有硬。等到他老了，关节和骨头都又硬又脆，很容易折断。等到人死的时候，身体僵硬如木石。草木也是同样：春天的草木柔软，夏天的草木茂盛，秋天的草木凋零，冬天的草木枯槁。"坚强者死之徒，柔弱者生之徒。"越柔软的越有生命力，越坚强的越迈向死亡。老子认为："兵强则灭，木强则折。"有了强大的军事力量，就会多生战端，终而自取灭亡。树木坚硬了，就会被砍伐，用作建筑、武器或工具。

中国传统文化中常用竹子来比喻君子。风来了竹子就迎风摇摆，风过了竹子则屹立挺拔。竹子的心中是空的，所以有无结合、刚柔并济，会随着变化调整姿态、适应环境，但并不改变原来的立场。

老子认为水在自然界有特别的地位，他说："天下莫柔弱于水，而攻坚强者莫之能胜，以其无以易之。"水是最柔软的，放在方盒中就呈方形，放到圆碗中就呈圆形，但在战争中，水攻之法极厉害，这就是"功坚强者莫之能胜"。

老子教人要明白"反"，做事情不要过头，要知进退；要明白"弱"，要守弱，水满则溢。做人从平凡到伟大，到伟大而平凡。一个人到了最高点，未来就要走下坡路了。如何持盈保泰呢？企业领袖们当要常常警惕。

其他中华经典也有类似的观点。譬如《易经》里说："天行健，君子以自强不息。"汤之《盘铭》中说："苟日新，日日新，又日新。"这些话都是强调要不断前进、革新。《吕氏春秋·尽数》有言："流水不腐，户枢不蠹。"这就是说流动的水不会发臭，常转的门轴不遭虫蛀。经常运动，生命力才能健康持久。

老子的观念对中国社会有重大影响。《道德经》说："我有三宝，持而保之。一曰慈，二曰俭，三曰不敢为天下先。慈故能勇；俭故能广；不敢为天下先，故能成器长。""慈故能勇"是什么意思？我们举个例子。老母鸡带着一群小鸡在外面觅食，一旦有老鹰飞过来攻击它们，老母鸡就会拼命冲过去保护小鸡。为人父母也是这样，有什么危险一定要先护住孩子免受伤害。这些都是因为慈爱所以勇敢。一个人如果住只能在星级酒店，吃只能去豪华餐厅，那他活动的限制性就很强，而且容易坐吃山空。反过来说，有的人能节俭，吃饭只要能果腹，穿衣只要能保暖，生活简单，那他在什么样的环境中都可以生存。这就是"俭故能广"。假如一个人认为自己是最棒、最能干的，那就是骄傲、自满，这种状态下自然很难学到新的知识。而且总会有人来争这个第一，就容易产生纠纷。所以一个人要守"柔"，不要强出头。人要知道自己的不足，才能获取新的成长，得到新的机会。这就是"不敢为天下先，故能成器长"。

以上是企业能够保持永续发展的重要理念。任何企业要发展、要传承，一定要虚心、知进退。衷心反省，自然就能发现人或企业里的各种问题，不是技术老旧，就是体制僵化。当一个企业体制僵化、缺乏反省能力时，它的下场就会像枯槁的树枝一样。枯槁的树枝不是有过柔软及坚韧的状态吗？所以创业者必须懂得"反"和"弱"的道理。随着企业的成长，领导者必须培养接班人和下一代，使机构具备新的气氛和活力。苹果公司在 2011 年乔布斯病逝后，公司事务蒸蒸日上，终于在 2018 年达到市值超过 1 万亿美元。这是因为乔布斯早有接班人团队，库克（Tim Cook）顺理成章地接任，领导队伍持续壮大的生命力，使公司得以继续发展。

[实例]　惠普公司创新创业传承之瓶颈

惠普公司（Hewlett-Packard，HP）成立于 1939 年。两位创始人比尔·休利特（Bill Hewlett）和戴维·帕卡德（Dave Packard）都是斯坦福大学的毕业生，他们有很多创新的想法。当时斯坦福大学工程学院院长特曼教授（Frederick Terman）对两人寄予厚望，鼓励他们创业。1938 年两人租了一间车库，开始动手做些简单的电子产品，如声频振荡器等。1939 年 1 月 1 日，两人成立合伙公司，涉足医疗仪器和家用计算机，成为硅谷地区最早从车库走出来的创新企业。惠普公司在 1957 年首次公开募股，成为创新创业的典范。20 世纪 80 年代，惠普公司聚焦在个人计算机上，同时也进入服务器、工作站、打印机等产品领域，业绩很好。从 2000 年起，惠普开始进行企业并购等商业行为，以求快速发展。这个时候，惠普已充分证明了它在科学仪器、计算机和通信领域的优秀能力[7]。

惠普公司不只在技术上有所成就，在企业管理方面也是产业界的典范，是过去众多美国企业效法的对象[8]。我们来看看惠普的七点价值观。①对待利润：追求利润以有利于公司成长。②对待客户：通过其产品及服务价值赢得客户的尊重和忠诚。③从事领域：选择有能力且能做出贡献的领域。④成长目标：在能力和利润允许的情况下开发新产品满足客户需要。⑤对待员工：提高员工安全感和满意度，与员工分享公司的成果。⑥管理理念：目标导向，给员工自由度，激发员工创造力。⑦社会责任：尽力履行对公司所在国家、地区和社区的社会义务。

2000 年以前，休利特和帕卡德两位创始人轮流执掌惠普公司。此时休利特的儿子沃尔特（Walter Hewlett）也在惠普公司当董事，却并不是惠普理想的公司继承人。因为要加速公司的发展及选拔接班人，董事会决定在外面找"空降部队"进入公司管理层。1999 年 7 月，他们聘请了曾在美国电话电报公司从事技术管理的菲奥莉娜（Carly S. Fiorina）出任惠普首席执行官（CEO）。这在当时是非常轰动的，因为美国历史上还没有一位女性出任如此大规模企业的 CEO。所以惠普公司此举是开创企业界先河。

菲奥莉娜进入惠普以后，为了完成董事会的目标任务、推动惠普公司快速发展及提高股价，完成了之前就一直在谈判中的康柏电脑并购案。康柏公司的核心能力在销售体系上，市场基础良好。而康柏公司亦希望加强公司的技术能力，先在 1997 年并购了 Tandem 计算机公司，又在 1998 年并购了 DEC 计算机公司，这让康柏看起来很有实力。但实际上，两个并购案都是起步阶段，未能消化。很多合并后的问题还未能解决，康柏公司正好把烫手山芋留给惠普处理。所以并购完成后，惠普宣布大幅度裁员，大规模重组。华尔街觉得这是一个灾难性的并购，因此惠普的股价持续下跌。

董事会原本抱着"外来和尚会念经"的想法，没想到菲奥莉娜念得不是很灵光，股价表现不好，外界批评不断，就渐渐对她有了意见。加之她和沃尔特的理念不同，矛盾颇深，董事会的许多议程及文件频频泄露于外，更使惠普的名声日渐衰落，股票持续低迷。2005 年菲奥莉娜向董事会辞职[9]。

2005 年 4 月，赫德（Mark Hurd）加入惠普公司出任 CEO。惠普之所以聘请赫德，是因为他在 NCR 总经理任期内带领 NCR 公司扭亏为盈，颇具实力。进入惠普之后，他主张在计算机硬件生产的基础上多增加软件及服务。为了提升惠普的服务能力，他主持并购了以协助大企业 IT 规划服务而知名的 EDS 公司。总体来说，赫德担任 CEO 期间，惠普公司声誉良好，股价平稳并逐渐上涨。2008 年惠普公司市值达到 1000 亿美元，超过 IBM 成为全球最大的 IT 企业。惠普又收购了 3Com、3Par 等软件服务公司。遗憾的是，这时赫德遭到一位女性同事指控性骚扰，又有报销账目的纠纷，惠普公司董事会为迅速处理这场危机而要求赫德辞职。赫德离职当日，惠普公司股价下跌 8%，90 亿美元的市值即日蒸发。

随后惠普公司又聘请了思爱普（SAP）的 CEO 艾科（Leo Apotheker）接任 CEO。艾科进入惠普以后，觉得惠普在云计算领域没有任何地位，主张推动发展惠普云计算业务。他主持了以 100 多亿美元溢价收购英国第二大软件公司 Autonomy。这个公司被收购的同时把之前遗留的一些法律问题也带了进来。由于对收购 Autonomy 出价过高及法律问题的顾虑，投资者对艾科的信任暴跌，所以在做了惠普 10 个月 CEO 之后他就被解聘了 [10]。

惠普公司随后又雇用了来自 eBay 的惠特曼（Meg Whitman）出任 CEO。这时候惠普的股价已经非常低迷，公司不断裁员。2015 年，惠普宣布正式将业务拆分为惠普企业（HP Enterprise）和惠普（HP Inc.）两家公司独立运作。惠特曼在做出这个艰难的决定后表示，分拆是合理的做法，这样有助于帮助惠普重回辉煌。惠特曼为分拆后的惠普企业的 CEO 及惠普的总裁。这两家公司的股票都在华尔街的证券交易所进行独立交易。

惠普领导人的成绩通过 2000—2013 年的股价变化（见图 7-4）可见一斑。分拆后的两家公司市值加起来也小于原来的惠普 [11]。

曾经有过辉煌历史的企业因为传承问题，使创新能力和业务水平都大幅降低，最终演变到如此结局，很是可惜。这里面有很多经验教训，最重要的是所并购的企业都是体制僵化的公司，与惠普文化格格不入，无怪乎难题丛生。这正是对"反者道之动，弱者道之用"的诠释。

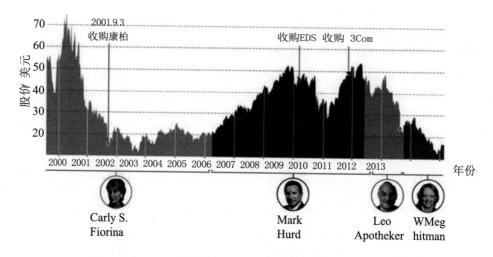

图 7-4　惠普 2000—2013 年股价变化

五、"图难于其易，为大于其细"与卓越品质

老子说："为无为，事无事，味无味。大小多少，报怨以德。"无为就是空，无事就是静，无味就是淡。老子让我们学习空、静、淡，因为大事是从小事做起，多是从少累积而来。他接着说："图难于其易，为大于其细。天下难事必作于易，天下大事必作于细。"这些话精辟无比，更可表现老子的真本色。有些人认为老子主张无为，就是不做事，那是大错特错！老子不但教导我们要做事，而且要实实在在地做。细小的事一步步做起来就成为重大的事，简单的事一点点做起来就成为繁杂的事。这就是老子做事的具体方法。

在汽车、飞机、手机、计算机等复杂产品的制造过程中，需要原材料、零部件、模块、子系统和总系统，经过设计、测试、封装、制程、制造和总成多个步骤，中间要诸多硬件和软件的相互配合，才能构成最终产品。每个经营企业的人都要仔细、充分地考量产品价值链的每一个环节，是不是每个部分、每个细节都有把握。重大的事情都是由细节构成的。如图 7-5 所示。

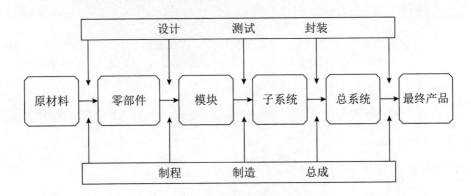

图 7-5　产品价值链

我们看到 iPhone 的成功，在面世 10 年之际，已售出 10 亿部手机。这除了要求它的创新遍及原材料、零部件、模块、子系统，还要求它在产品总成阶段有连续的创新。这种系统总成的连续改良都是一点一滴积累而成的，能令人从中感悟到"图难于其易，为大于其细"的真谛。

老子又说："夫轻诺必寡信，多易必多难。"其意为，轻易许诺必定难守信用，经常把事情看得很容易必定多遭困难。"是以圣人犹难之，故终无难矣。"这句话的意思是所以圣人对待事情的态度是战战兢兢、如临深渊、如履薄冰，因此就不会出错。老子的这些教导对创业具有深远的意义。

六、祸福相倚与变化处理

老子说："祸兮，福之所倚，福兮，祸之所伏。""福"代表人生或事业上的成功、顺境、机缘；"祸"代表人生或事业上的失败、逆境、威胁。老子说福和祸是相互依存、相互转化的。福暗含祸的隐患，祸也隐藏福的契机。所以我们在成功时不要被胜利冲昏了头脑、飘飘然，以为本应如此，在失败时亦无须为逆境而垂头丧气、怨天尤人。

老子的理念经过 2000 多年的流传，成为中华文化中的一个特色。"塞翁失马，焉知非福"的故事脍炙人口。这个理念其实是老子观察自然运行的规则而得的结论。因为"变易"是不可避免的。

失败是创业过程中的常态，一个创业者一定会经历许多打击。例如技术未达标、人才有缺口、资金未到位、市场不成熟、客户未上场、货款受拖延等，每一个问题都可能导致创业失败。

在这祸福反复的过程中，一个创业者或企业的领导者必须有充分的毅力、斗志、策略和行动，才能应对变化，以达成创业或企业的目标。在顺境的时候，人要居安思危、未雨绸缪，在企业经营中保持信义立业的精神，追求品质至上。在逆境的时候，人要积极进取、开创新机，要警惕反省、不屈不挠和持续努力。这在企业经营上的例子极多。本书所论述的通用电气公司、苹果公司的失败和成功，表现了韦尔奇和乔布斯对祸福和"变易"处理的方式。

总结本章的内容，老子对现代创新、创业的启示可由下面各项说明。

"有之以为利，无之以为用。"有无配合是工业产品价值之所在。汽车、货运、飞机、建筑、电脑等实例比比皆是。

"天下万物生于有，有生于无。"人类思维是万物的根基，这是知识经济的重心。云计算、大数据、物联网、互联网＋、远程会议等均为其例证。

"既以为人己愈有，既以与人己愈多。"多帮助别人，吃亏就是占便宜，合作共享，加速成功。

"图难于其易，为大于其细。"做困难的事要战战兢兢，从容易做的开始。

做大事要注意细节，实实在在，一步一个脚印。

"反者道之动，弱者道之用。"社会进步的基础在"动"，动有循环性，人要能反思改进。人要守弱持柔，才能获取新的生命力。

"祸兮福之所倚，福兮祸之所伏。"顺境时要持盈保泰，逆境时不要消极悲伤，而要持续努力。

第八章

中华经典

与

任务管理

领导激励　将心比心

在中华经典中讲述领导人和领导力的篇章很多。春秋战国时期，各学派对此有多种阐述。历代亦有很多学者研究这个议题，有些还进行了实践，如诸葛亮、岳飞、戚继光及曾国藩等都有优秀的领导力。这一章重点将介绍几位代表人物，他们的主张对中华文化的发展具有重要的影响。需要特别说明的是，中国古代思想家们的论述大多是宏观的，包括人心世情，而非直接针对后世如本书所聚焦的企业管理。他们的思想体系不是本书研究的对象，所以文中只指出那些可以运用到企业管理之中的思想。

一、老子

老子生于公元前 571 年。他的代表作《道德经》见解深邃、条理分明，是中华文化的瑰宝。在《道德经》中，老子对领导风格有非常扼要的描述。

太上，不知有之；其次，亲而誉之；其次，畏之；其次，侮之。信不足焉，有不信焉。悠兮其贵言。功成事遂，百姓皆谓"我自然"。

这是老子所说的关于领导文化的精髓，他将领导者分成了四个层次。第一层次的领导人是"不知有之"——员工根本感觉不到领导的存在。第二层次的领导人是"亲而誉之"——亲近员工，企图赢得赞美。第三层次的领导人是"畏之"——他比较苛严，员工若不遵守规章制度就会受到惩罚，所以大家都畏惧他。第四层次的领导人是"侮之"——领导人为所欲为，员工经常受到侮辱和欺压，自然会轻蔑、痛恨他。老子认为领导的要领是"信不足焉，有不信焉"。在企业中，领导人必须言而有信。假如领导人不讲信用，员工对他自然没有信心，他亦得不到员工的信任。所以领导人要"悠兮其贵言"，即要少讲话，言多必失，轻诺必寡信。"功成事遂，百姓皆谓'我自然'"，意思是事情成功之后，民众会说这是大家自动自发努力的结果。这就像孔子所说："天何言哉？四时行焉，百物生焉，天何言哉？"天不说话，但是草木到春天就发芽，到夏天就长大，到秋天就结实，到冬天就休息。天不需要讲话，太阳、月亮、风雷、雨水自然运作，四季进行，这就是自然的规律。领导人只要把环境和条件准备好，不用过多干预员工，让他们自己去发挥、发展便可。老子说的是国家，对企业也可以类比。老子的这个理念高屋建瓴，能够做到的企业领导人寥寥无几。因为企业领导人常常忍不住要表现自己的能力，用个人爱憎去左右团队。如果他能认清个人的能力限度及自然的法则，还是可以有所成就的。

近三千年来，老子在领导学理论及领导者修为上的见解受到广泛尊崇。老子不止是理论家，更是实践者，我们也可以在老子的思想中得到很多创新创业实践方面的启示。老子说：

民之从事，常于几成而败之，慎终如始，则无败事。

老子提醒世人，事情往往在接近成功时因疏忽而失败。所以做事要始终如一，最后一刻也要像刚开始时一样小心谨慎，才不会失败。这是创业者应谨记的。

二、孙子

孙子，本名孙武，是春秋时期著名的军事家，被尊称为兵圣。孙子说：

兵者，国之大事，死生之地，存亡之道，不可不察也。故经之以五事，校之以计而索其情：一曰道，二曰天，三曰地，四曰将，五曰法。

这句话的意思是，战争是一个国家头等重要的事，关系到军民的生死，国家的存亡，不能不慎重和周密地观察、分析和研究。因此，必须通过对敌我双方五个方面的分析来估计战争胜负的可能性，并制订计划以推进执行。这五个方面是：道、天、地、将、法。孙子又说：

　　道者，令民与上同意，可与之死，可与之生，而不畏危也。天者，阴阳、寒暑、时制也。地者，远近、险易、广狭、死生也。将者，智、信、仁、勇、严也。法者，曲制、官道、主用也。凡此五者，将莫不闻，知之者胜，不知者不胜。

　　所谓"道"，或可用现在的用语表达为"使命""愿景"和"目标"。领导和团队之间的思想如果能够一致，就能同生共死，而不会惧怕危险。所谓"天"，是指昼夜、阴晴、寒暑、四季更替等，亦指宏观的时势。所谓"地"，是指地形的高下、远近、险易、广狭、死生，这些是驻兵、选择战场的要素，亦指客观的环境。纵观古今中外的多数战役，可知天、时、地的配合是非常重要的制胜因素。

　　"将者，智、信、仁、勇、严也"是指领导人的能力要素。"智"就是领导人要知识渊博、足智多谋，才能进退有据；"信"就是部属对他的信任和信心；"仁"就是他对部下要真心关怀；"勇"是他要勇敢果断；"严"是军纪严明。所谓"法"，是指组织机构、责权划分、人员编制、管理制度、资源保障和物资调配等。对道、天、地、将、法五个方面，做领导的应深刻了解。有了深刻了解就能胜利，否则必败。

　　第二次世界大战以后，很多日本公司把《孙子兵法》视为瑰宝，运用孙子的思想作为企业管理的方针[1]。它们讲求在公司内统一大家的使命、愿景和目标，把握不同时机制订企业的短期计划和长远计划，深入了解目标市场。因为每个市场有不同的风俗、习惯、文化和竞争状况，所以企业需要针对新市场、新产品制定新的商业策略。企业注重培养领导阶层"智、信、仁、勇、严"各方面的素质、能力和建设各项制度。它们把《孙子兵法》的精要发挥尽致，获得了丰硕的成果，成为战后日本经济复苏的一个原因。孙子与老子对领导文化的看法相比，不可不说是两个极端。老子是宽松的，讲求自然而为。孙子是严谨的，各个方面都有实行的要领。老子的理论是"崇高"的，但不如孙子的理论有步骤、易实行。

三、黄石公

黄石公是秦汉时期的思想家、军事家。传说他曾经三试张良，对张良的耐心和诚心甚为满意，传授《三略》给张良。张良凭借《三略》协助刘邦灭秦，称帝天下，建立西汉王朝。据一些文献介绍，黄石公传授给张良的《三略》源出上古黄帝战败蚩尤的策略。后来传到姜子牙手上，姜子牙以此辅佐周武王打败了商朝纣王，建立了周朝。后来不知通过怎样的机缘和传承，《三略》到了黄石公手上，黄石公又将其传授给张良。

《三略·上略》记载：

夫主将之法，务揽英雄之心，赏禄有功，通志于众。故与众同好，靡不成；与众同恶，靡不倾。治国安家，得人也；亡国破家，失人也。含气之类，咸愿得其志。

若将其用于企业管理，就是说企业领导者必须要抓住团队里各英雄好汉的心，与他们心意相通，得到他们的支持，对做出贡献者要进行奖赏。得人心则能聚众力，失人心则一盘散沙。任何有志气的人，只要有一口气在，都期望去努力以达成自己的志愿。黄石公这里所讲的根本原则是"务揽英雄之心"，要做到"赏禄有功，通志于众"。他的思想和孙子的思想相同。领导者对有功的部属要给予奖赏，给予更大的责任，使他能发挥潜能，以达到人生更高的层次。现代西方很多管理理念与此是一致的。

四、孔子

我们讨论的主题是创新创业，有些人可能会奇怪，孔子怎么会跟这个主题有关系呢？所以我们先来看看什么是创业家。

广义上来说，创业家必须具有服务人类的理想，愿意以坚忍不拔的毅力聚焦于所掌握的知识，谋求它的实施，体现其价值，促进社会的进步。狭义的创业家是指掌握某项具体技术或拥有某种产品，谋求它的商业化，以体现它的经济价值。

孔子是一位典型的广义上的创业家。他有理想、有毅力、有实行的方案，他期待有实行方案的时机，以实现社会价值，促进社会进步。

以孔子为代表的儒家思想对现代企业经营有很多启发。《大学》《论语》《中庸》里谈到领导文化、领导思想的文字很多。领导力可以说是儒家最重要的思想之一。我认为最精微简要的莫过于孔子和学生子贡的辩论。

子贡问政。子曰："足食，足兵，民信之矣。"子贡曰："必不得已而去，于斯三者何先？"曰："去兵。"子贡曰："必不得已而去，于斯二者何先？"曰："去食。自古皆有死，民无信不立。"

"足食"和"足兵"代表国家的经济力量和军事力量，都是国家硬实力，其重要性不言而喻。信心、信仰和信任，这是精神上的力量，是国家软实力[2]。在孔子的理念中，软实力是治理国家不可退让的红线。对创业来说，信义为立业之本，软实力是企业成长壮大的必要条件[3]。

一个企业的领导人要如何培养软实力呢？这就要对孔子的管理理念进行分析。孔子的基本管理理念是：修身、齐家、治国、平天下。孔子认为一个人首先，要懂得修身养性，充分地了解自己，能够掌握自己的思维和行为。其次，一个人要管理好自己的家庭，能够体验和处理亲近而复杂的人际关系，才能谈到治国，才能对天下有所贡献。孔子所说的"天下"泛指整个周朝所管辖的区域，和我们现在所说的全世界是不同的。但是治理国家和治理天下的基本能力都是从"修身"开始。"行远自迩，登高自卑"，这个道理是不变的。对于创新创业的人来说，重点是修身、齐家，然后是借鉴治国、平天下的一些理念管理好企业。

1. 修身

儒家说的修身不是空泛的理论，而是有一个程序：格物、致知、诚意、正心。它有一个要领，就是"学而不思则罔，思而不学则殆"。

"格物"就是要做科学性的研究。有了研究，人们才可以增进对人、事、物的了解，获得知识，这就是"致知"。一个人有知识之后，才可能明白个人的渺小与自然的宏大，才知道学海无涯，才知道世界上还有许多事物是未知的。这样，他自然会变得谦逊和诚实，这就是"诚意"。到了这个阶段，他在待人处事上就会关注优先次序，什么是本，什么是末，什么要先，什么可后，因此他可心无旁骛、笃实做事，这就是"正心"。"格、致、诚、正"是"修、齐、治、平"的根本。这就是儒家修身的方法。

修身的要领："学而不思则罔，思而不学则殆。"人光是学习而不思考，那么新知过目即忘，不能把所学的内容沉淀在脑海里成为知识。假如没有学习，只是天马行空地幻想，人则可能钻入牛角尖，走火入魔。所以学和思是相互为用的。

孔子的学生曾子对修身有很多感悟，他说："吾日三省吾身：为人谋而不忠乎？与朋友交而不信乎？传不习乎？"曾子每日必从三个方面去检讨、反省。首先是为别人谋划办事，是否做到了忠诚。其次是和朋友交往是否恪守信用。最后是所学习到的知识是否能实践。

《大学》《中庸》里也有修身的内容。比如，《中庸》中所说的："莫见乎隐，莫显乎微。"意思是不要隐瞒小节，得过且过，因为再隐蔽的秘密终会被人发现，再细微的瑕疵也会暴露在阳光下。就像汽车，一个小小的螺丝出问题，也可能导致重大的意外事故。如果父母纵容孩子拿了别人的一枚硬币，说不定就会养成恶习，他将来可能会因无所忌惮而锒铛入狱。所以，越是隐秘微小处，越是要小心谨慎。乔布斯的创新原则之一就是要特别注意使产品的背面和正面一样完美，也是这个道理。

2. 待人

儒家思想在待人方面的理念有四点可以让经营企业的人学习参考。

①"见贤思齐焉，见不贤而内自省也。"见到比自己优秀的人就要把他引为榜样，期待达到同样的水平。假若见到别人做得不好，就要反省自己有没有同样的问题，要多加警惕，不能犯类似的错误。

②"言忠信，行笃敬。"言语行为要忠义诚信，做事要恭敬笃实，规规矩矩做好分内事。

③"在明明德，在亲民，在止于至善。"一个人做事情，首先要明净自己的德行，回归良好的本性，同时要积极协助他人，以追求卓越的精神，把事情做到尽善尽美。

④"君君，臣臣，父父，子子。"每个人都要清楚自己的角色，每个人都恪守自己的职责。

3. 处世

孔子在处世方面的重要理念如下。

①"朋友信之。"人要信任朋友，也要获得朋友的信任。建立朋友之间的互信，会对个人事业有极大的助益。

②"人无远虑，必有近忧。"无论是个人、企业还是国家，都不能光看眼前，要考虑到环境的演变，未雨绸缪，否则就会陷入燃眉之急的境地。"凡事预则立，不预则废。"

③ "君子喻于义，小人喻于利。"这是孔子的一个重要理念。很多人误解孔子，认为孔子用"君子"和"小人"把世人二极化地分为好人和坏人，这是错的。孔子对人性有深刻的观察。人一生下来，就有不同的经济上、社会上、政治上、文化上的差异，所以每人有不同的禀赋、认知和格局。我们姑且称认知丰富、格局较大的人为"先进或君子"，称认知平凡、格局有限的人为"大众或小人"。前一类人喜欢讲义理，后一类人喜欢说利害。人有不同，这是社会的常态。即使是同一个人，在不同的时空环境中亦有不同的倾向，这是人生的现实，不足为奇。

一个创业者在撰写商业计划的时候，必须把公司的愿景、目标勾画清楚，使天使投资人对公司未来的社会效益有所了解。但计划中也必须说明财务预测及退出机制，使银行或基金投资人能了解风险、远景及可能收益。因为这是两个不同心态的群体，他们的区别不是好坏或善恶，而是价值观及现实考虑的差异。不同的心态自然会影响他们投资的意愿。

④ "其恕乎！己所不欲，勿施于人。"这是很好理解的，意指自己不喜欢的言行，就不要以那种言行去对待他人。自己不愿意做的事，不要强迫他人去做。自己不愿承受的事，也不要强加在别人身上。"恕"是孔子所推崇的价值观，他认为"恕"是每个人都应终生不渝遵守的。这种充满了推己及人和爱人如己的博爱精神，是很高层次的企业管理理念。

4. 创新

孔子有没有创新理念呢？

子路是位既聪明又调皮的学生，时常找机会和老师孔子"抬杠"。他和孔子有一则对话如下。

子路曰："南山有竹，不揉自直，斩而用之，达于犀革。以此言之，何学之有？"子曰："括而羽之，镞而砺之，其入不益深乎？"

子路的意思是：南山有一种竹子，不需揉烤加工就很笔直，削尖后把它当作箭射出去，能穿透犀牛的厚皮。由此说来，假如一个人有南山竹一样的禀赋，又何必还要学习呢？孔子则说：如果在箭尾安上羽毛，箭头装上磨得锐利的尖镞，这箭不是能射得更远、入得更深吗？

这段师生对话的本意是孔子用南山竹比喻教育的重要性，使骄傲的子路衷心折服。在竹箭杆装上金属头和羽毛（以增加它的动能及稳定性），可以使箭射得更远、入得更深。在我看来这就是典型的技术创新。孔子知道南山竹的特性是其掌握的科学知识，但是要拿它当箭使用必须再加一些"系统技术"以增强它最终的使用价值。由此可见孔子非常懂得科学知识和技术创新的分野和两者相互的关系。在2500年前就有这种见识，不得不令人对孔子的智慧叹为观止。

五、孟子对孔子理念的发扬

孟子和孔子相隔三代，但是他对孔子的理论有充分的了解，能融会贯通，并且周游列国，广为宣导。孟子的思想对治理国家及管理企业极具启发。我在这里引用《孟子·梁惠王上》中的一段。

王曰："寡人之于国也，尽心焉耳矣。河内凶，则移其民于河东，移其粟于河内。河东凶亦然。察邻国之政，无如寡人之用心者。邻国之民不加少，寡人之民不加多，何也？"

孟子对曰："王好战，请以战喻。填然鼓之，兵刃既接，弃甲曳兵而走。或百步而后止，或五十步而后止。以五十步笑百步，则何如？"

曰："不可，直不百步耳，是亦走也。"

曰："王如知此，则无望民之多于邻国也。"

孟子指出，梁惠王实行了一些亲民措施，希望可以达到增加国家人口的目的。但他所做的都是表面功夫，难有长远效果。孟子说，要达到目标，必须要

"发政施仁"。这是脍炙人口的"以五十步笑百步"的由来。

下面的两个案例和企业的诚信有关。

[实例一]　通用汽车公司引擎失灵案

通用汽车公司（General Motors Company，GM）成立于 1908 年，曾经在 37 个国家及地区设立分公司，拥有 10 个品牌。1930—2007 年，通用汽车公司一直是全球第一大汽车制造商。因市场竞争及金融风暴双重打击，它在 2009 年宣告破产，后在美国政府的支持帮助下进行重组。2011 年通用汽车公司恢复盈利，2012 年以超过 900 万辆的销量重新成为全球第一汽车制造商。

1997 年，通用汽车公司发现旗下若干款车型存在点火开关系统缺陷，接着各种相关问题相继被报道。截至 2014 年 6 月底，共有 2900 万辆汽车被召回修理。通用汽车公司被美国国家公路交通安全管理局罚款 3500 万美元。当时已知 19 人因车祸丧生，有 79 起诉讼案待处理，预计处理安全相关问题的费用将超过 20 亿美元。

点火开关系统的问题很快被确认。这些汽车在生产时用了一个不合标准的零件，螺丝头短了 6mm，未能满足点火开关的要求，所以不能提供所需扭矩和振动环境的稳定性。安全气囊因此不能打开而造成严重意外。如果按照品管程序替换不合格零件，每件的更换费用大约 2 美元。

通用汽车公司的技术人员早在 2005 年就知道这些问题，但技术报告未能到达公司最高层，所以从公司管理层到执行层都没有采取任何行动。这一缺陷是在公司被调查起诉时才发现的。2019 年，通用汽车公司高管报告称，有关事故共造成 124 人死亡，实际数字可能会更高。截至 2019 年 9 月，多地仍在进行诉讼，公司承受了约 20 亿美元的罚款和赔偿损失，2 名高级副总裁被撤职。新任总裁博拉（Mary Barra）决定把起诉案交由一个仲裁法律事务所负责，由第三方决定裁定赔偿数额事宜，以表示公司客观负责的态度[4]。从此法律纠纷案逐步平息。此事对通用汽车公司在客户信任、社会责任和危机管理方面的声誉造成不小的负面影响，需要漫长的时间和昂贵的代价才能消除。

[实例二] 大众汽车排气控制舞弊案

大众汽车公司（Volkswagen）1937年成立于德国沃尔夫斯堡，2019年位居《财富》世界500强第9位。

2015年9月，美国环保署发现，大众汽车在2009—2015年生产的大众和奥迪品牌的柴油轿车中安装了一个电子控制单元，以应对有关引擎排放的氮氧化物的检测。该控制单元可以识别汽车是否处于检测状态，在检测时它可秘密启动，从而使车辆在车检时以高环保标准过关。该控制单元在平时行驶时关闭，汽车便大量排放污染物，最大值可达美国预定标准的40倍。

2016年6月28日，大众汽车公司同意支付153亿美元的集体诉讼费，并宣布召回约50万辆汽车进行维修。消息公布的当天，大众汽车公司股价下跌超过18%，短短两天市值缩水了1/3。9月23日，大众汽车公司CEO温特科恩（Martin Winterkorn）被迫辞职。

2017年1月11日，大众汽车公司承认排放作弊，并支付了43亿美元罚款，6名大众汽车高管被起诉，并被判有罪。美国法院还核准了一笔12.1亿美元的赔偿金，用以补偿652家美国大众汽车经销商的损失。这一丑闻不仅让大众汽车公司的信誉受损，损害了德国企业领导层的信誉，亦相当程度地影响了德国政府的形象[5]。

为了拯救蒙尘的声誉及市场，大众汽车公司在2019年底宣告停止研发柴油及汽油发动机，全力推广电动车型。在2019年9月的法兰克福国际车展上，大众汽车公司公布了其纯电动车型ID.3。这是大众汽车公司计划量产的电动汽车系列中的第一款，定价水平与汽油发动机汽车相当。ID.3从一开始就被设计成只使用电池，这对特斯拉和其他电动汽车公司来说是一个潜在的挑战。2020

年9月11日，大众汽车正式开始交付ID.3。

结语

中华经典文化对个人与社会的关系有丰富的论述。老子、孔子、孙子、黄石公、曾子和孟子等人的主张，大多建立在人性的秉赋、喜恶、爱憎和追求的基础之上，这一章所摘选描述的，只是这些古圣先贤的浩瀚思想宝库中的点滴。若将这些思想运用于现代科技创新和创业发展，我们也能得到很多启示。

- 一个有缺陷的零部件如何造成公司巨大的经济和名誉损失？
- 谁应该对发生的问题负责？
- 在发生危机时，企业该如何进行危机处理？
- 领导阶层的诚信如何影响危机的后果？
- 如何在危机发生后重建品牌及名誉？
- 我们可以学到什么经验教训？

这些问题，我们都可以从中华经典文化中寻获答案。现代人对知识的探求、对他人的包容、对自然的敬畏、对诚信的坚守等，无一不与创新和创业息息相关。

第九章

美欧创新管理

团队目标 具体执行

美国当代杰出的组织和领导理论学家沃伦·本尼斯（Warren Bennis）曾说："管理者要把事情做对，领导者要做对的事情。"（Managers do the things right，leaders do the right things.）

这是管理者和领导者的主要区别。实际上一个机构里需要这两种人同时存在。任何机构为了持续经营，亦需要尽早培养这两类人才。他们的和衷共济会孕育机构的组织文化和创新能量。本章聚焦在近 30 年西方管理科学在工业经济中的主流企业管理观点。

一、领导者与管理者的职责

每个企业负责人都会期许企业内的管理者能够逐渐成长为领导者，以确保企业持续发展。我们对领导者有什么期待？他的主要职责是什么呢？

①建立愿景。领导者必须能够为机构的发展建立愿景。

②能负全责。领导者要有担当，对整个机构负全部责任。

③塑造文化。领导者要为机构建立适合的组织文化。

④诚信待人。领导者必须能以诚信对待团队及关系人。

⑤激励团队。领导者必须能够激励团队主动、积极地为达成任务而努力。

⑥授权善任。领导者对其团队必须能做到知人善任，充分授权。

⑦以身作则。领导者必须要知行合一，以身作则。

⑧未雨绸缪。领导者必须具备前瞻性视野，能未雨绸缪，为企业未来奠定基础。

以上是对领导者的要求，也是对管理者的期许。当管理者有能力看到未来、建立策略与愿景，就慢慢成长为领导者了。

一个领导者的行为表现特点包括：性格开朗、禀赋正直、独立人格、态度开放、关心他人、肯担责任、善于沟通、理性思维、解决问题、热爱生命。这些特点可以从另外一个角度，即领导者的硬实力与软实力来分析。这里的"硬"与"软"是相对的说法。我们可以约略地这样理解：人们从外部可以识别的行为是领导者的硬实力，需要在相处中逐步了解的内心行为是领导者的软实力。

需要注意的是，老子的理念中的领导风格"太上不知有之"，和这里所说的是没有冲突的[1]。"不知有之"是指领导者不去干涉众人（被领导者）的行为，但他本人要有一定的性格和风范。一个硬实力与软实力均衡的人就是老子心目中的"太上"型领导者。

二、麦肯锡 7S 模型

全球领先的管理咨询公司麦肯锡公司的（Mckinsey 7S Model），简称 7S 模型[2]，指出了企业在发展过程中必须全面地考虑各方面的情况，包括管理结构（structure），营运制度（system），管理风格（style），人力配置（staff），管理技巧（skill），企业策略（strategy），共同的价值观（shared values）。在领导力的分类描述上，和我上面所述有异曲同工之处，见图 9-1。

麦肯锡认为，一个机构在共同价值观的核心基础之上，需要策略、结构和制度，这应该是属于硬实力（图 9-1 浅色部分），亦需要管理风格、人力配置与管理技巧方面的软实力（图 9-1 深色部分）。麦肯锡公司为客户咨询把脉时，常常运用这个模型，从客户的策略、结构、制度、管理风格、人力配置、管理技巧以及共同的价值观七个维度进行分析，找出客户当前存在的问题并提出对应的解决方案。

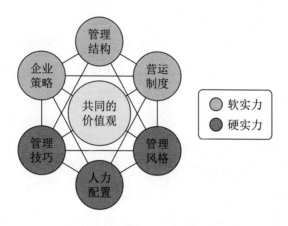

图 9-1　麦肯锡的 7S 模型

三、企业管理

企业运营管理的根本是在所拥有的资源与限制下，以最高的效率达成任务与目标，见图 9-2。

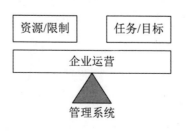

图 9-2　机构管理

一个企业要取得优良的运作效果需要建立完善的管理系统，涵盖从理念、风格、策略到功能的各个方面。理念是指企业的愿景、价值观与目标；风格是指管理者的领导方式；策略是指策略规划、目标管理及参与式管理；功能是指企业的规划、组织、人力、激励和管控五大执行模块。其中理念、风格和策略大部分属于领导者的职责，功能则大部分属于管理者的职责。领导者和管理者的工作有相同的部分，有不同的部分，也有交叉重合的部分，重点是领导者和管理者要各有重点、互相配合。企业管理系统见图9-3。

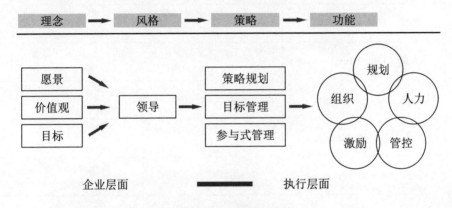

图 9-3　企业管理系统

功能模块中的规划是指一个企业所需订立的目标、策略和方案；组织是指企业中每个成员的角色、责任和权限；人力是指领导者要能知人善用，对所用之人信任并授权；激励是指领导者要关怀和激励员工并领导大家达成工作目标；管控是指领导者通过考核机制了解员工的工作能力、部门的目标达成情况，并与团队成员保持及时顺畅的沟通，协助团队进行改善和提高效率。

四、近代西方主要管理学理论

西方管理学中与企业领导有关的重要理论，见表 9-1。

表 9-1　西方管理学中与企业领导有关的重要理论

代 表 人 物	主 要 论 述	主要服务机构
泰勒（F. W. Taylor）	以科学方法寻求最佳管理途径	伯利恒钢铁公司（Bethlehem Steel）
梅奥（Elton Mayo）	尊重员工，谋求良好的人际关系	西方电气公司（霍桑）、哈佛大学
戴明（W. Edwards Deming）	以质量保证为管理手段	美国农业部、日本（麦克阿瑟顾问）、纽约大学
麦格雷戈（Douglas McGregor）	X-Y 理论：权威式管理与参与式管理	安提亚克大学、麻省理工学院
马斯洛（Abraham Maslow）	需求的层次与激励	哥伦比亚大学、布兰迪斯大学
德鲁克（Peter Drucker）	目标为管理工具，结果的管理	纽约大学、克莱尔蒙特大学
沃伦·本尼斯（Warren Bennis）	管理者把事情做对，领导者做对的事	麻省理工学院、纽约州立大学、辛辛那提大学、南加州大学
博诺（Edward De Bono）	新构想的产生，水平式思考	剑桥大学
彼得斯（Tomas Peters）沃特曼（Robert Waterman）	追求卓越，在混乱中求茁壮，组织更新	麦肯锡管理顾问公司
波特（Michael Porter）	企业与国家的竞争策略，竞争力分析	哈佛大学商学院

泰勒（F. W. Taylor）曾任职于伯利恒钢铁公司。在工业经济的初期，一个工厂的效率多倚靠资深有经验的老手和这些老手培养的学徒。泰勒在工厂任职多年，对炼钢厂的操作管理很熟悉，他把制造过程进行分类、分析并形成有效

率的管理制度。他认为工业管理是一门科学，做任何事情都可以通过科学管理的方式找到最佳的管理途径 [3]。19 世纪末 20 世纪初，美国工业界很多企业学习泰勒的理论，把制造程序艺术化、科学化，并有计划地培训一线员工。

梅奥（Elton Mayo）也出自工业界，曾在西方电气公司的霍桑工厂工作。他按照泰勒的方式分析生产过程，改善工作条件，对员工进行分工和排班管理等。他发现尊重员工，谋求良好人际关系，使个人感觉是团队一员而产生责任感，是管理中非常重要的一个环节 [4]。这是他的重要贡献。后来他去哈佛大学教书，继续研究管理理论。

戴明（W. Edwards Deming）毕业于耶鲁大学，是一位数学家，主张以质量保证为管理手段。他毕业后先后在西方电气公司及美国农业部工作，致力于工厂变数分析及全国普查统计分析。第二次世界大战之后，日本受破坏严重，麦克阿瑟将军邀请戴明去日本访问，进行普查，帮助日本工业振兴。全面质量管理的思想基础和方法依据就是 PDCA 循环 [5]。PDCA 循环把质量管理分为四个阶段，即计划（plan）、执行（do）、检查（check）和处理（act）。在质量管理活动中，要求把各项工作按照做出计划、计划实施、检查实施效果，把成功的纳入标准，不成功的留待下一循环去解决。这一工作方法在日本工厂得到广泛应用，促进了日本经济的快速成长。

麦格雷戈（Douglas McGregor）在麻省理工学院任教十年，是西方管理学大师，发明了著名 X-Y 理论：权威式管理与参与式管理 [6][7]。

马斯洛（Abraham Maslow）是心理学家，在工业界及大学服务。他提出需求层次理论，以此解释人类行为及激励的机制。他认为人的需求有不同的层次，只有分析每个人的不同层次的需求，才能形成良好的激励制度 [8]。

德鲁克（Peter Drucker）的管理理论是：以目标和结果为管理工具。他提出的管理五大原则，即设定目标、组织结构、激励与沟通、建立绩效衡量标准、人员培训等，到今天仍然广为企业界使用 [9][10]。

本尼斯（Warren Bennis）是心理学家，曾担任四位美国总统的顾问。他的管理名言是："管理者要把事情做对，领导者要做对的事情。"

博诺（Edward de Bono）的管理理论核心是"新构想的产生：水平思考"。他在 20 世纪 60 年代末期提出水平思考方式，改变了人们日常采用的容易出现问题的垂直思考方式。所谓水平思考，即以非传统或明显不合逻辑的方法解决问题[11]。此外，他在 20 世纪 80 年代中期提出了"六项思考帽（6 Thinking Hats）"思维训练模式，用以充分调动人们不同的心智活动[12]。

彼得斯（Tomas Peters）和沃特曼（Robert Waterman）的管理理念是追求卓越。他们合著了《追求卓越》一书，于 1982 年出版并迅速成为管理科学方面最畅销的书[13]。他们主要在麦肯锡管理顾问公司服务，麦肯锡的 7S 模型就是他们的创见。

波特（Michael Porter）是哈佛大学商学院的教授，是当前全球卓越的竞争优势及策略专家[14]。他提出了"五种竞争力量"和"三种竞争战略"的理论观点。

20 世纪 70 年代以来，西方管理学有长足发展，重要内容极多。以上 10 位是近代主要的西方管理学家。大家若对相关管理理论有兴趣，请进一步参考阅读相关文献[15]。

五、管理三元素之配合

机构管理三元素是：组织 / 机构、员工 / 人力和领导 / 管理。在不同宗旨及不同类型的机构里，有不同风格的领导人和多种个人特质的员工在一起工作，所遭遇的情况当然形形色色。如何达成管理效率，方案自然不同。所以，领导者或管理者必须对这三个元素有深切的了解。

①组织：这是哪一类型的组织？是大学、研究院、营利性企业、非营利性专业团体还是政府的相关机构？这个组织的任务和目标是什么？有什么资源可

以运用？有什么因素限制了它的运营和发展等。

②员工：组织的任务靠员工去达成，所以员工的素质、技能、心态、经验以及个人目标等因素都会影响组织的运营效率。

③领导：领导者的管理风格、前瞻性视野、策略性思维、待人接物的素养以及个人的热忱和才能等，都会对组织使命的达成和愿景的实现有重要的影响。

要对人性做分析，方法很多。从管理层面来说，人性可从两方面来分析：一方面是理智，另一方面是情感。人就是理智和情感的糅合体。人的本质是两者兼具的。我们可从这两端入手进行分析。图 9-4 中，x 轴表示理智，y 轴表示情感。我们可把两者的交会分成四个象限来看。右下角（X）是理性的，这种人做事比较理智，受情感因素影响比较小。左上角（Y）是情感的，这种人多受情感支配，理性考虑较少。右上角（Z）是高效的，这种人同时会考量情感和理智两个方面。左下角（L）是随意的，这种人采取放任的态度，随遇而安。真实的人是复杂的，这只是一个简化的分析框架。

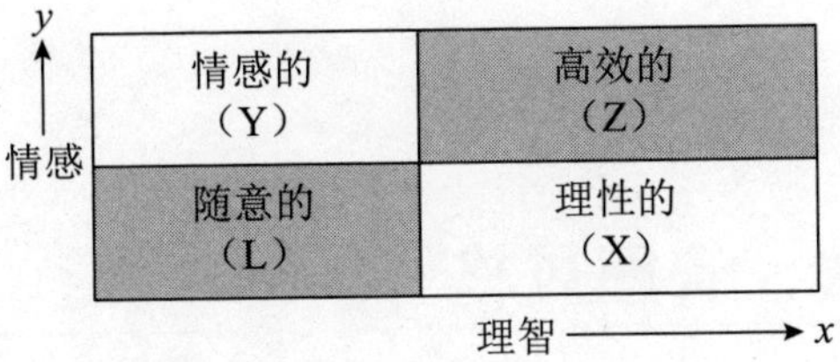

图 9-4　人性的两面

不同禀赋、受不同教育、不同职业的人，各有不同的特点。一个优秀的领导者或管理者需要充分了解机构中团队成员的特质，包括性格、技能，甚至还有个人喜好。

不同风格的领导者面对不同类型的团队成员，人际关系的复杂可想而知，所以机构的运作实在不是一件容易的事情。

大体来说，企业管理亦可以从两个维度来看：一方面是人际关系的管理，另一方面是科学方法的管理，如图9-5所示。

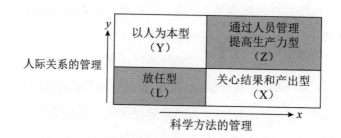

图9-5　企业管理的两个维度

图9-5中的四个象限：右下角（X），领导人关心的是结果、产出和效率；左上角（Y），领导人更关心个人的情绪、情感和前途，可以说是以人为本；右上角（Z），领导人既考虑团队成员的感受，又考虑机构效能，通过人员管理来提高机构的整体成绩；左下角（L），领导人采取放任的管理态度。

一个称职的领导者必须了解企业的宗旨和任务，通过良好的组织、沟通和激励方法，使不同性质的团队成员都能发挥个人潜能，达成期待的目标。

六、管理风格

领导者本身的思维、行动以及和团队互动的方式是管理风格的主要内涵。管理风格可分为四种：权威式管理（X）、温和式管理（Y）、参与式管理（Z）和放任式管理（L），见图9-6。

这四种风格的管理方式在创新创业、企业经营方面都有不同的表现。一般来讲，采用权威式管理的多为制造业、工厂；采用温和式管理的大多是技术咨询、非政府组织（NGO）、百货公司及基金会；采用参与式管理的多为大企业、大学及智库；采用放任式管理的多为研究型大学、实验室及投资顾问机构。这个分类法只是举例性质，不是绝对的，甚至不一定正确，只是为了说明在大部分状况下不同类型的机构会采用不同的管理方式。这些分析都是接近理论性的，主旨是建立一个思考框架。

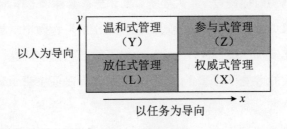

图 9-6 管理风格

1. 权威式管理

权威式管理的前提假设是：人基本上不喜欢工作。他尽可能避免工作，避免负责任，亦没有上进心，必须在强迫或指引下才会为达成组织任务而工作。领导人是实现企业目标的执行人，他制订计划并要求员工执行，使员工适应已经建立的组织结构。他常为达成目标而延长作业时间，或淘汰表现不佳的员工。他经常采用"胡萝卜加大棒"的激励方式，密切监控并指导员工改进。

权威式管理的重点是领导人。所有的决策都是由领导人主张，不需要征求下属的意见。领导人一个人掌控权力，做出决定，与团队沟通不过是单方面要求团队执行。

权威式管理风格的优点是：决策速度快，在某些情况下能够提高工作效率。员工往往因为领导人的权威感产生一种"领导在看着我"的感觉而卖力表现。缺点是：沟通通常是单向的，很容易中断。员工常怀恐惧和怨恨，因为他们觉得被左右或支配，并经常受到批评或责怪。组织结构因为缺乏长远规划和灵活性而错失新的机会，也容易瘫痪。

权威式管理风格适合使用在需要快速做出决定时，或需要密切监督工作流程时。这种管理常是巨细靡遗，在老式家族企业中比较常见。

2. 温和式管理

温和式管理的前提假设是：人要玩，要休息，也喜欢工作。一个人会学习、接受，亦会寻求负责任的工作。他愿意为所承诺的目标做出贡献，并期待做出贡献后会得到奖赏。一般来说，他会以创意及技巧去解决难题。他认为在大部分机构里，个人的潜能只有部分被利用，领导人有责任去引导员工发挥更多的潜能。

温和式管理的领导人常会以人为本，认为领导的角色是帮助团队实现目标。他会支持和协助员工制订计划，根据员工的兴趣和才能来调整组织架构。他会挑选能让单位满意的人，采用适当的激励方式。他给团队足够的资源，让他们完成工作上的自我管控。

温和式管理的领导人（也被称为变革型领导人）对组织有明确的目标与很高的期望，会支持和引导下属完成自我实现。这种领导人会促进大家建立共同的愿景和价值观。他会塑造机构文化，专注于解决问题而不是仅仅指责问题制造者。

温和式领导人的主要特征包括关心和同情他人，鼓励大家独立思考，激励大家发挥潜力。他通常不会制订详细的计划，而是促进组织中关键人员之间进行对话，并以身作则，以实现目标。

这种管理模式的优点是有均衡的长短期目标和愿景，领导人和下属之间相互信任，始终保持良好的沟通。它的缺点是，因为细节定位不够，在事情的开始阶段推进比较困难。

温和式管理风格适合使用的情况主要有：领导人对未来有很强的愿景，并愿意把有着不同才能的人聚集在一起去实现愿景；领导人的领导权无可置疑；组织的短期目标不太重要。

3. 参与式管理

参与式管理源自马斯洛的需求层次理论。它的前提假设是：每个人所处的需求层次不同，对责任和自由有不同的认知。尽管人是不完美的，但可以改善以求进步。领导人要把协助员工的职业生涯及发挥其潜能引为自己的责任及乐趣，给员工提供发展个人目标的环境。这可以看作是孔子"与人为善"思想的践行。

实行参与式管理的领导人会注重建设组织的团队，用团队参与的方式制定组织目标和计划、设立组织架构、明确岗位职责、甄选和考核员工、寻求组织目标和个人目标之间的协调。他时常分析环境和执行的偏差并解决相应问题。他关注团队成员间的互动，鼓励团队成员自由分享想法、公开讨论及共享决策。团队成员应具有丰富的经验和自信，由领导人指导和组织讨论后对相关事项做出决定。

参与式管理的优势是：因讨论充分降低发生灾难性错误的风险，具备良好的工作环境和员工满意度，员工愿意积极投入决策过程并承担责任，可以形成高绩效和高效率的团队。这种管理风格的缺点是：决策速度较慢，团队过分自信而容易偏离组织目标，可能会为达成愿景而忽略关键步骤。

参与式管理风格主要适合使用的情况是：员工是专业人士或专家，员工能够对自己的决定全权负责。目前大多数企业企图采用这种模式。

4. 放任式管理

领导人在放任式管理中扮演信息传递者的角色。他将高层的信息传递给员工，并分发组织结构图和工作说明书。人才的选聘交给人事部门处理。他很少考虑对员工的激励。他认为人就是人，员工需要自我管理。这种管理的特点是：团队主要成员大多是专家，经验丰富，完全有能力负责管理各自的部门。

采用放任式管理的领导人认为自己的职责是建立一个称职的团队。除了长期愿景和年度规划外，他不亲自领导团队成员，而是赋予他们设定目标、解决问题和决策的权力，让他们自我努力。放任式管理本质上就是"放手"。

这种管理风格的优点是：赋予员工充分的责任，对员工提供有效的支持，能够留下表现优异之人。缺点是：出问题时往往找不到人负责，在没有适当监督的情况下可能会错过目标期限。采用这种管理风格的机构可能时常流于群龙无首、散漫而效率低下的状态。

放任式管理风格适合使用的情况有：员工是有创造力的专家和经验丰富的专业人士，员工曾有优秀绩效或出色的成就。

5. 高效率的管理

上面介绍的四种管理风格并没有绝对的好坏、对错之分，每一种管理风格都有很多有成就的组织领导人在使用。领导人采用什么管理风格需要考虑的因素是组织的宗旨、愿景、目标和成员素质。当然，领导人当反省自身的各种状况适合采取何种方式去管理和领导。随着组织的成长，领导人亦应适时调整其管理方式，以发挥最大效益。为提高管理的效率，权威式管理（X）要多给予员工关怀教导，使其能感受到尊重，而自谋上进；温和式管理（Y）要多给予员工引导，使其了解组织目标，能配合协同；参与式管理（Z）要多训练员工，使其能统筹大局；放任式管理（L）要给部属授权，使其能负责任。见图9-7。

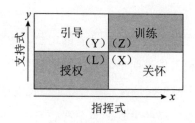

图 9-7　高效率的管理

七、创新性机构的管理

技术研究型机构的员工大多是知识工作者，他们有一定的禀赋，受教育水平较高，亦有独立工作的能力。这类员工富有进取心，每人都有自己的个性。管理者需特别努力，使其发挥潜能，以谋求创新及发展。领导人首先要理解这些人员（科学家/工程师）的共同特征，见表9-2。

表9-2　知识工作者（科学家/工程师）的共同特征

优　　点	缺　　点
聪明	自我
独立	个人化
创意	任性
远见	空想
勤勉	孤傲
广博	表面化
透彻	狭隘
自尊	自负
理想化	现实
执着	顽固

这种类型的员工不太容易依常例管理，所以，领导者要了解他们的动机与需求。因为需求影响行为，行为影响成效，见图9-8。

需求 ⟺ 行为 ⟺ 成效

图9-8　动机与需求

领导者要了解重要成员的潜在需求，他们许多"异常"的行为，常可在此基础上进行分析。所谓潜在需求是和一个人公开表示的需求有差异。领导者要细心地观察、沟通和分析，才能有所掌握。

八、马斯洛的需求层次理论

马斯洛是一位心理学家，他把人类需求分为五个层次，即生理需求、安全需求、社交需求、尊重需求和自我实现需求，依次由低层次到高层次排列，如图 9-9 所示。

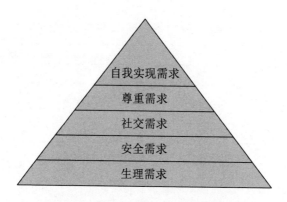

图 9-9 马斯洛的人类需求层次理论

第一层次：生理需求。例如阳光、空气、水、食物和休息等，人若得不到满足，生命就会受到威胁。从这个意义上说，生理需求是推动人行动最首要的动力。这亦是赫茨伯格（Frederick Herzberg）所说的卫生因素（hygiene factor）。只有这些最基本的需求得到满足，其他上层的需求才能成为新的激励因素。

第二层次：安全需求。例如人身安全、工作保障、生活稳定、法律秩序，以及免遭痛苦、威胁或病疾等。马斯洛认为，企业组织是一个有机体，也是一个追求安全的机制。各个成员的感受、反应、智能和创新能量都是寻求安全的途径。

第三层次：社交需求。例如，人与他人、团体、社会的依存关系。人不能离群索居，每一个人都希望得到关心和照顾。感情上的需求比生理上的需求来得细致，它和一个人的生理特性、经历、受教育程度、宗教信仰都有关系。

第四层次：尊重需求。尊重需求包括自我尊重、对他人尊重和被他人尊重。每个人希望自己有稳定的社会地位，要求个人的能力和成就得到社会的承认。马斯洛认为，尊重需求得到满足，能使人对自己充满信心，对社会满腔热情，也能体验到生命的价值。

第五层次：自我实现需求。这是最高层次的需求，是指实现个人理想、抱负，发挥个人的能力到最大的程度，体验到最大的快乐。马斯洛指出，为满足自我实现需求所采取的途径是因人而异的。自我实现的需求是人努力发挥自己的潜力，使自己越来越成为自己所期望成为的人物。这是高层次的需求，是真实存在而且极为重要的。

巴特尔纪念研究所（Battelle Memorial Institute）的管理学专家希特（William D. Hitt）对马斯洛的需求层次理论做了几点补充。第一，有需求就表示人的理想和实际之间有落差。例如，一个人实际月工资 5000 元，但是心理期望的是8000 元，那就存在 3000 元的落差。第二，改变落差是激励的原动力。第三，每一个人都有五个层次的需求，只是比例不同。第四，当低一层次的需求满足后，高一层次的需求便明显了。第五，领导者要了解员工的需求，并塑造环境，使员工向高层次的需求迈进。

[实例一] 乔布斯的"扭曲现实"

以乔布斯为例。他没有任何管理经验，但他天生有一种禀赋：可以激发团队追求高层次的创新[16]。他基本上只看重需求层次的上两层：尊重和自我实现。他常常和部下说："这个产品模型要在两个月之内完成。"他的部下常常回答："不可能，光是设备就要多种零件的搭配，至少需要半年的时间。"他则坚持说："你行的，你一定可以。"这种"扭曲现实"的要求让员工感到很大压力，但这就是乔布斯对员工的激励方式。他迫使员工往更上一层的需求移动，发挥潜能。他常说："一般 B-Player 做不到，可你是 A-Player，你只要努力就一定可以做到。你告诉我需要什么资源和支持，我来提供。"他还常对工程师说："完成这个卓越的目标，你可以感到快乐和满足，追求达成目标的过程就是最重要的回报。"

乔布斯的"扭曲现实"，我认为是一种超越平凡的期待。乔布斯不仅将它使用在苹果公司内部，在若干情况下对外界亦是如此。2005 年设计 iPhone 的时候，他们决定手机表面使用玻璃，但必须是一种超强的玻璃，要抗摔耐磨。最后乔布斯找到纽约州康宁玻璃（Corning Glass）公司的总裁魏文德（Wendell Weeks）。魏文德表示公司研发了一种特殊化学玻璃，性质超强，称为"大猩猩玻璃"，应该正好可用。乔布斯大喜过望，说："下面 6 个月内生产的产品我都要了。"魏文德先生说："可惜因为这种产品没有销路，工厂已经关闭许久，复工恐怕要大半年的时间。"乔布斯说："那怎么行，马上就要发布新产品了。那就给你 6 个星期。康宁是全球玻璃技术最强的公司，你决定要做，你的同人一定可以达成的。"魏文德接受了这个任务。他们挑灯夜战，终于在限期前完成了这个"不可能"的任务。

乔布斯常和别人说："你来和我一起改变世界吧！"苹果公司 1983 年要征聘百事可乐的总裁斯卡利（John Sculley），让他跳槽来苹果公司出任总裁。虽然斯卡利对乔布斯和苹果公司的未来甚有憧憬，但觉得变数太大，风险至高，所以犹疑未决。最后乔布斯在一通电话里说："你究竟是想一辈子卖糖水，还是和我们一起改变世界？"他用对宏大远景的期许说动了斯卡利来到苹果公司。乔布斯对魏文德和斯卡利的激励可说是无形中对马斯洛需求理论中第四层次及第五层次的实践，见图 9-10。

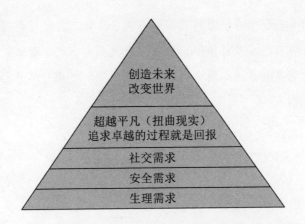

图 9-10　乔布斯：用高层级需求层次做激励的实践者

[实例二]　参与式管理理论（Z）在新竹工研院的实践

我深深感到一个优越的技术创新机构必须有优越的管理系统作基础，所以我在 1988 年就任新竹工研院的院长后，就开始采用参与式管理。为了满足研究人员的需求，我和管理团队在每一个需求层面上都采取了具体可以实践的措施[17]，见图 9-11。

在生理需求层面，我们考虑员工每年的年度调薪和奖金幅度。我们在新竹科学工业园及主要科技企业做了年度薪资调查，了解可以横向比较的机构中薪酬的最高和最低水平。工研院最后制定的薪酬标准约为最高水平的 80%，使得员工不会觉得吃亏。院方为单身的员工提供宿舍，建设现代化的实验室、办公室、会议室、公共活动场所，又在院区种植树木、建设花圃等，使员工有一个洁雅开放的工作环境。

在安全需求层面，工研院下属各研究所规划短、中、长期研究开发项目，让员工在结束一个项目之后就可以开始或参加另外一个项目。只要成绩合标准，对技术有兴趣，每个人都可以不断有新的工作机会。院方为员工提供健康保险，惠及员工的配偶和子女。此外，工研院革新退休计划，推行"X+Y65"

制度，鼓励员工在院服务达最短期限即可提早退休，其时可得储存在工研院的全额退休金，以为创业或从事第二职业生涯之基金。这个退休制度是一项大胆的尝试，当时董事会很关心财务负担及长期风险。但几十年过去，证明这是一项成功的管理创新。

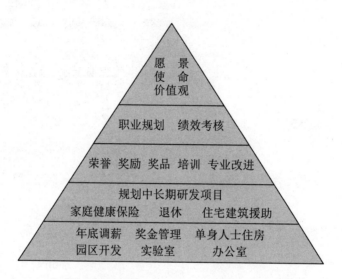

图 9-11   新竹工研院：参与式管理的实践措施

在社交需求层面，院方提供各类名誉上及物质上的奖励给表现优异的员工。另一个重要措施是选送员工外出培训，读硕士、博士学位或参加其他短期训练班。

在尊重需求层面，我们帮助员工进行职业规划，培养员工的综合管理能力。工研院设立绩效评估制度，将考核结果反映在员工的调薪和奖金上。在新的绩效评估中特别加强国际专利权的取得、应用、授权、移转，务求学以致用，创造价值。这些绩效很多都可以量化表达。

在自我实现需求上，我们宣传工研院的文化，让员工了解工研院成立的缘由，明确工研院的愿景、使命、价值观及在地区经济发展中的枢纽地位。

我在 2006 年重回工研院访问时得知，这些制度还在延续中。"X+Y65"退休制度已广为公私营单位仿效。

第十章

变化之管理

祸福相依　慎终如始

科学技术的进步带来人类生活的改变，促进了经济、社会、人文环境等各方面的变化。这些变化或大或小，或突然或潜沉，都是不可避免的事。对个人或企业来说，如何处理变化，谋求持续的发展，成为重要的课题。

在这一章中将讲述四个企业实例。前面三个都是已经存在百年以上的公司，第四个无疑亦会是一个百年公司。第一个是施乐公司（Xerox）：它在文件复印业中居领导地位50年不衰，但不能克服环境变化，未能开创新机，已被日本富士公司并购。第二个是波音飞机制造公司（Boeing）：2018—2019年B-737 MAX因制造管理程序失误所引起的营运灾难，至今仍未解决。第三是雷诺－日产－三菱联盟：2019—2020年联盟和其总裁间有关企业文化的矛盾所产生的风暴仍未平息，联盟是否解体或萎缩，尚未可知。第四个实例是苹果公司：其创办者乔布斯在1985年被董事会解职外逐，但他在12年后回归，并带领苹果公司攀上高峰。本章将通过这些实例揭示经营环境变化的处理方式对相关产业及企业领导者的重要性，希望对创新创业者有一定的启发。

一、成功创业的因素

从商业运营的角度分析，一个成功企业应具备11项要素。首先是商业模式，它定义了产品对使用者的市场价值；其次是产品策略与规划、物料供应与物流管理、研究开发、生产制造、营销与渠道、客户服务与技术维护、财务规划与管理、能源与环境、管理与文化以及团队与分工 10 项要素。一个企业对这些要素的投入，就是企业的成本。企业要成功，产品的价格一定要比成本高。产品的成本和价格之间的差值，是企业所创造的经济价值。

　　商业计划和商业模式息息相关，商业计划好，则获利多；商业计划不好，则获利少。当产业环境发生变化时，无论是内在或外在的变动，都可能会影响产业的发展，最终反映在商业模式或是商业计划上，而对企业的运营与发展产生冲击，甚至造成重大灾难。所以，企业的领导者及管理者的重要任务，是在经营环境发生变化时，做好应对，维持或调整商业模式和商业计划，否则，企业可能在变化中被市场淘汰。

二、企业衰落的五个阶段

　　美国管理学家柯林斯（Jim Collins）分析了美国众多巨型企业失败的过程，认为这个过程往往经历五个阶段 [1]。

　　阶段一：成功而骄逸。因为企业效益好，获利多，企业领导人滋生骄傲情绪，开始奢华浮夸，导致企业效率逐步下降。

　　阶段二：盲目求扩展。企业领导人追求"更大、更多、更快"而盲目扩张，甚至通过并购或财务手段以求速成，使企业走入岔路，远离核心能力。

　　阶段三：罔顾风险危机。领导人为求达成年度目标，忽略必需的细节，或延迟应遵守的规范，以致罔顾变化而发生风险，从而影响企业的营运。

　　阶段四，祈求外来救星。企业在面临困境而内部未能处理时，转向外部寻求救星。然而"外来的和尚"鲜能对症下药，结果大多数是无效的、失败的。

　　阶段五：溃败或泡沫化。企业困境无法解决，只好宣告破产，或者缩变经营，或者重整求沽，导致企业最后溃败或泡沫化。

柯林斯在书中举了很多失败企业的案例,涉及大西洋和太平洋茶叶公司(A&P)、美国银行(Bank of America)、美国电路城公司(Circuit City)、默克集团(Merck)、摩托罗拉公司(Motorola)、真力时公司(Zenith)和斯科特纸业公司(Scott Paper)等。

　　前文出现的通用电气公司、惠普公司和柯达公司衰退的实例也可以用这个模型来分析。

　　回顾这些失败的案例,我们可以发现,这些企业在各个领域中各有辉煌的历史,对社会做出过若干具体的贡献。然而因为不了解内外部环境变化的必然性,不能未雨绸缪,最终导致企业经营失败,实在令人惋惜。

三、企业危机管理及文化之错失

　　企业出现危机,往往可以追踪到企业管理文化的错失,其可以大略归根于表 10-1 中的几个原因,分为技术、管理、文化三个层面。

表 10-1　企业危机的管理及文化之错失

技　　术	管　　理	文　　化
材料品质	成长策略	企业统御
制造设计	对变化的敏感度	领导文化
系统集成	管理系统	社会责任

　　企业技术层面的错失常常发生在产品质量方面。产品质量包含三个元素:材料、设计与制造。这三项其实较为单纯,客户方面提出产品质量问题时,公司应鉴定原因,迅速回应,以期消弭错失,以免扩大影响。产品中如包含外包的元件、组件,则鉴定范围应包含供应方及系统集成的程序。

　　企业管理层面的错失常与企业的成长策略有关。这类错失造成产品、服务与使用者需求的脱节，使企业失去对经营环境变化的敏感。企业除本身的发展之外，还应了解产品对市场可能带来的衍生变化，以便及时采取应对措施。

许多企业的管理系统在开始建立时，对错失的处理都有安排。但时过境迁，许多错失处理程序变得不合实际，或者滞碍难行，企业却没有及时检讨革新。企业因安逸而失去警觉或僵化，领导阶层与公司基层利益脱节，忽视企业的社会责任，这些文化层面的错失都会演变成为重大的管理问题。危机的产生常因错失的扩大并带来连续反应，最后变得难以收拾。

大部分企业错失在开始的时候是个别错误，如果不及时处理或处理不善，则将恶化而引发祸害或风暴，甚至于最后成为一场灾难，最终导致企业的覆灭。

[实例一]　施乐公司错失技术变化的时机

静电复印机及后来的激光打印机在文件处理方面可说是一项颠覆式的创新，它们的发明者施乐公司（Xerox）的辉煌成就几乎是家喻户晓。在英语里，"Xerox" 是公司的名称，很快被当作动词使用。"xerox" 是复印机，也是复印。20 世纪中期后，施乐风行全世界，成为全球企业巨人。

施乐公司 1906 年初成立于美国康涅狄格州的费尔菲尔德县。公司通过对静电吸附及干式颜料微粒技术的联合应用，发明了静电复印技术，效果卓越，从某种意义上改变了常规企业的运作方式。1993 年，施乐公司在《财富》500 强排名中列第 21 位。1999 年，它的营业收入高达 192 亿美元，股票涨到最高点 68 美元。公司在复印机行业及印刷技术中拥有 500 多项专利 [2]。

1970 年，有见于半导体材料技术的远景，施乐在硅谷设立了帕洛阿尔托研究中心（Xerox Palo Alto Research Center，PARC）。该中心拥有很多优秀的基础科学及工程学人才，进行前瞻性的固体物体的应用研究，运行得非常成功。许多技术，如计算机中的图标、人机界面、鼠标、激光打印技术、以太网等，都领先同业。PARC 在 1973 年推出 Alto 个人计算机，早于 IBM 及苹果公司。

1980 年，PARC 推出 Xerox Star 个人计算机，性能甚好，但价格非常高，销售未达预期，应改善之处很多。然而公司总部不愿意放弃在复印机领域优越的地位，面对新创行业踌躇不前，不愿意继续投资开发，所以 PARC 在个人计算机方面的研究被白白浪费。最后有些技术人才逐渐流入苹果及微软公司。乔布斯曾说："施乐坐在一个金矿上而不自知。"所以，即使拥有很好的研究成果和技术，如果管理层思想僵化，也没有办法持续发展，最终错失良机。

20 世纪后期，在佳能和富士等产品的竞争下，施乐逐渐没落。2018 年 1 月 31 日，施乐公司宣布日本富士已同意购买其 50.1% 的股权，从此施乐公司改名为"富士施乐"[3]。翌日，《纽约时报》的报道标题是"Xerox, Tech Icon That Became a Verb, Is Suddenly Past Tense"（施乐，成为动词的科技图标，突然变成过去式）。这是一个俏皮的标题，是对一个曾有辉煌历史的企业的下场的无奈讽刺。

[实例二]　波音 737 MAX 的陨落

波音 737 MAX 是一种窄体、双引擎、燃油效率高的商用飞机，一共有 5 个型号。因为性能优越，它于 2017 年 5 月首次交付后，广受欢迎。最大的用户是美国西南航空公司、美国航空、加拿大航空和中国南方航空集团有限公司。截至 2019 年 12 月，波音公司收到 4930 份订单，交付 387 架波音 737 MAX 飞机。该系列飞机的单架售价为 3000 万～4000 万美元，渐渐成为波音公司的新一代主流产品[4]。

不幸的是，2018 年 10 月 29 日，印度尼西亚狮子航空公司由一架波音 737 MAX 8 执飞的 JT610 航班在起飞不久后坠毁，飞机上 189 人全部遇难。据黑匣子信息分析判断，这次事故可能与飞机的 MCAS（机动特性增强系统）有关，MCAS 失控，导致飞机反复俯冲。

2019 年 3 月 10 日，一架执飞埃塞俄比亚航空公司 ET302 航班的波音 737

MAX 因类似故障坠毁，造成 157 人死亡。

MCAS 是波音公司在 737 MAX 上安装的一种新型控制软件，但波音公司没有在飞行手册上披露其详细操作程序，飞行员在新机训练时亦没有对此做特殊训练。

2019 年 3 月 11 日，中国民航局决定禁飞波音 737 MAX 飞机，其后又有其他国家陆续禁飞。3 月 18 日，美国联邦航空管理局（FAA）宣布将波音 737 MAX 停飞。到此，所有 387 架波音 737 MAX 飞机都被"禁足"在地面，造成全球 59 家航空公司每周 8600 次的航班中断，100 多万旅客行程被延误。

2019 年 4 月，波音公布内部调查结果承认两起事故都与 MCAS 有关。2019 年 11 月，FAA 撤销波音公司颁发个别 737 MAX 飞机适航证书的特许权，并另展开调查。波音公司和 FAA 的迟来行动受到业界广泛指责。

各国航空公司已于 2019 年取消了同波音公司的 183 个订单。波音公司股价下跌超过 25%。由于销售收入的损失以及成本的增加，波音公司由此产生的损失估计高达 100 亿美元，这还不算其他如对供应链的影响、受害人诉讼及赔偿、企业信用评级下降等造成的损失 [5]。

2020 年 1 月，波音公司决定停止所有 737 MAX 的生产，以待 FAA 批准飞机的飞行许可后，再行复产。此次决定中断了全球供应链网络的运作，许多航空公司和航空租赁公司的商业计划受到重大影响，也对美国国民经济产生负面冲击。

随后的调查显示，MCAS 的设计缺陷在制造和测试过程中就已被技术人员发现，也向上级报告过。然而，公司最高管理层不以为意，忽视了它潜在的安全风险，允许波音 737 MAX 继续推出以满足客户订单的需求。技术管理部门曾因新机的操作标准与 FAA 发生争执。

面对罹难家属的控告，波音公司推诿责任，意图委之于机组人员的训练不周，执行不力。在 MCAS 的制造问题公开后，公司提出的善后及赔偿方案未能得到受害者家属的认可。公司解决技术和制造问题的计划也一再延迟。各界对波音公司失去耐心，也失去信任。2019 年 10 月 11 日，董事会免去了董事长兼首席执行官丹米伦伯格（Dennis Muilenburg）的职务，由另一位董事卡尔霍恩（David L. Calhoun）接任。卡尔霍恩是一名管理专才，加入波音董事会成为独立董事 10 年，本身并没有航空制造方面的经历。

卡尔霍恩在 2020 年 3 月 6 日接受《纽约时报》的采访时表示："公司内部的问题超出了我的想象。前任总裁在供应链准备就绪前就提高了波音的生产率，这一举措使波音的销售达到了历史最高水平，但质量受到了损害。"他又说："如果要找一个人有胆子追求彩虹后面的黄金，米伦伯格就是那样的人。董事会从未就这个策略讨论过。"很显然，万方有错，罪在一身。卡尔霍恩认为董事会是没有责任的！卡尔霍恩估计，波音 737 MAX 可能会在 6 个月后恢复正常运作。他对此信心十足。但他同时认为，更正技术性错误是一回事，要梳理公司文化，促成员工与公司有一贯的愿景和目标，将是一个真正的挑战。

我们从这个案例可以得到什么教训？

①MCAS 的设计。MCAS 软件系统设计与系统连接出现的问题应该是可以解决的技术问题。波音公司从 1916 年成立，已有百年的历史，早知航空安全是第一要求。波音公司为何在 737 MAX 的生产中忽略了这个重要的安全技术环节？

②认证程序。飞行员手册和飞行人员的培训都没有做好，就得到飞行批准。这严重违反了安全第一的原则，很显然是公司滥用了 FAA 的授权。

③内部信息沟通。信息从技术层次到管理层次的沟通过程完全失效。后来工程人员暴露内幕，基层管理部门已有多项邮件讨论 MCAS 失常的状态，但高层不予理睬，FAA 亦没有仔细把关。

④空难伤亡的危机管理。灾难发生后，波音公司推脱责任，受害者家属对公司信任全失。

⑤进行内部调查。波音公司在调查过程中敷衍了事，不能针对事实证据公开真相。新任总裁卡尔霍恩在 2020 年 3 月向记者表示，发生意外事件的印度

尼西亚狮子航空及埃塞俄比亚航空的驾驶员的训练不足，可能是发生意外事件的原因之一。

⑥重新设计以恢复生产。波音公司对于如何重新调整设计以符合产品的安全规范一直不能推出执行方案。

2020年2月，新冠肺炎疫情蔓延至华盛顿州，波音公司于3月宣布全厂封闭。公司对飞机的制造及修复工作全面停顿。疫情对全球经济的打击至为重大，可以想见，未来对商用机的需求必然减少。波音737 MAX部门负责人及公司领导人未能在2019—2020年采取果断措施，确定复产方案，遗患必然重大。

[实例三] 戈恩与雷诺—日产—三菱汽车联盟的恩仇

卡洛斯•戈恩（Carlos Ghosn）于1954年出生于巴西，1978年从巴黎高等矿业学院毕业。他进入著名轮胎制造商米其林集团（Michelin）的法国和德国工厂工作，并成为工厂经理。1985年，他晋升为米其林南美公司的首席运营官。戈恩擅长组织管理，重新设计了业务运作方式，在两年内使该部门扭亏为盈。1989年，他被任命为米其林北美公司的首席运营官，并很快成为该公司的首席执行官（CEO）。他主持收购了美国轮胎公司尤尼罗伊尔公司（Uniroyal）和古德里奇公司（Goodrich）。重组后，米其林变成美国最大的轮胎公司。

1996年，戈恩被法国车辆制造商雷诺公司（Renault S. A.）聘为执行副总裁，负责采购、高级研究、工程和开发、动力总成运营和制造。雷诺公司原属法国政府，后来转为民营，在戈恩的领导下，公司一年内就开始盈利。他的经营才能从此得到全球企业界的重视[6]。

1999年3月，雷诺和日本车辆制造商日产汽车（Nissan Motor Co.，Ltd.）成立了雷诺—日产联盟。雷诺持有日产43%的股份，而日产持有雷诺15%的无投票权股份。戈恩除保留在雷诺的职位外，在2001年被任命为雷诺—日产联盟的总裁兼首席执行官。

在雷诺并购日产时，日产的债务超过 200 亿美元。戈恩上任后即开始了一个日产复兴计划，希望使日产在 3 年内恢复盈利。他裁员 21000 人（占员工总数的 14%），关闭了 5 家工厂，出售了航空航天部门，并减少了供应商数量。他还取消了日本基于资历和年龄的人员晋升惯例，并改变了日产终身雇用的做法。他亦取消了零部件供应商和日产公司之间的交叉持股关系。戈恩的日产复兴计划的所有目标都在 2002 年 3 月 31 日之前实现，日产成为当时全球利润最高的汽车制造商之一。

2003 年，戈恩宣布了 "日产 180" 的新目标：在 2005 年底，海外汽车销量增加 100 万辆，利润率为 8%，债务为零。所有目标同样在限期内达成[7]。

2005 年 5 月，戈恩被任命为雷诺总裁兼首席执行官。由此，他成为世界上同时担任两家《财富》全球 500 强公司最高领导人的第一人[8]。

2007 年，戈恩领导联盟销售零排放电动汽车。他将电动汽车定为全球化扩大发展的策略，也是在发展中国家和地区进行汽车销售的首要方案。截至 2017 年，雷诺—日产联盟是全球电动汽车的领导者。日产聆风（LEAF）是全球最畅销的电动车型，其销量是特斯拉的 2 倍多。2012 年 6 月，戈恩被任命为俄罗斯汽车制造商伏尔加公司（AvtoVAZ）的副董事长，这使雷诺—日产联盟和伏尔加之间的合作更加深入。

2016 年 10 月，日产收购三菱汽车（Mitsubishi Motors）34% 的股份。戈恩除了他在雷诺—日产的职位，亦成为三菱的董事长。雷诺—日产—三菱创建了世界上最大的汽车联盟，与丰田汽车、大众汽车和通用汽车同列世界前茅。

然而，在毫无征兆的情况下，2018 年 11 月 19 日下午，东京地方检察官在戈恩从黎巴嫩抵达东京机场时逮捕了他，以涉嫌财务造假的指控对他进行讯问并拘留。他在日产的亲信助手当天从美国抵达日本时也被逮捕。日产汽车首席执行官西川广人向记者宣布，戈恩已被日产汽车董事会停聘，并将在 11 月 22 日的董事会会议上正式被剥夺执行权。西川广人表示，这项行动是由一项内部调查引起的，该调查声称戈恩少报了年薪以逃税，并滥用了公司资产。尽管这些指控仍然有待法庭的判定，但日产公司决定先期采取行动。

戈恩本应于 2018 年 12 月 21 日释放，但当日新的指控浮上台面。所以他再次被捕，且不能保释。戈恩公开声明表示自己的无辜。但在 2019 年 1 月 11 日应该获释的当天，他又再度被起诉，再次被捕，延长了监禁。

戈恩坚称自己无罪，这些指控是日产高管的"阴谋和背叛"，皆因他们反对自己推动日产、三菱和雷诺整合的计划。

2019 年 3 月 6 日，戈恩以 10 亿日元（约 900 万美元）的保释金获释，这是日本的保释金最高纪录。他虽然可以回家，但受到人身自由的严格限制，基本是 24 小时监视下的软禁。他虽在监狱中被拘留了 108 天，但明确的开庭日期却迟迟未到。

2019 年 12 月 31 日，戈恩发表一项轰动全球的声明，宣称他已离开东京返回贝鲁特[9]。他逃离日本的细节并未公布。日本官方的反应充满了愤怒及无奈，但如哑巴吃黄连，有苦说不出。

戈恩是广被国际企业界公认的智力超群之人。他能流利地讲四国语言（法语、葡萄牙语、英语和阿拉伯语），亦粗通日语。他工作非常努力，被称为"7-11"人，领导风格一丝不苟。他特别擅长多职能和跨文化事务的处理，在过去 30 年的职业生涯中屡创佳绩，被盛传为黎巴嫩的总统候选人。他在日本的知名度很高，很受公众注意。

2020 年，协助戈恩逃离日本的两位机师已被逮捕罚款，但其他未有明确进展。

综观全案的发展，以下数项值得我们思考。

①戈恩在日产汽车公司大刀阔斧的改革，使日产在数年中扭亏为盈。这些改革包括关厂、裁员、改良生产线、简化物料供应、革新交叉持股、优化绩效晋升等，都直接和降低企业成本、推广产业利润有关。但是显然破坏了原来得利者的利益，因而树敌众多，非同小可，戈恩应该心知肚明。从企业领导层面来考虑，他应该先进行疏导或预设措施，以减少潜在的祸患。老子说的"福兮

祸所伏"，孔子说的"人无远虑，必有近忧"，这些对企业领导者是无比重要的。戈恩何以见不及此？

②戈恩在米其林、雷诺、日产的业绩可称罕见，他因此恃宠而骄，目无余子。戈恩高调的行事作风，引人侧目。在日本社会文化中，长年累月，自然如水火之不容。公司内人士对他表面唯唯诺诺，但心中怒火中烧，为时已久。戈恩不知收敛个人行为，终于"物壮则老""木强则折"，可谓自取其辱。

③日本在第二次世界大战后受美国庇护，保留天皇制，并自诩为民主国家，标榜法治。然而司法机构在处理戈恩一案中荒腔走板，对戈恩恣意羁押，复追加控诉，一而再，再而三，务必长期禁锢而后快。法院最后令戈恩以 10 亿日元天价交押保释，但实为居家软禁。对一个全球化企业领导可以如此，无怪乎升斗小民权益受践踏而积怨难伸。戈恩逃亡后，日本之法治假象曝光，颜面尽失。所以戈恩一日未得公正审判，则日本法治未得客观裁定。"无信不立"，日本在全球化发展中的公义性将受到质疑。

这些问题中都可发现老子、孔子教训之重要。

［实例四］ 乔布斯 12 年的放逐与觉醒

乔布斯和苹果公司密不可分。他在创立公司后的前 10 年推出了革命性的产品，获得极大的成功。但那时他显然不是一个称职的管理者，1985 年被公司董事会放逐。12 年后，他重回苹果公司，并带领公司走出困境步入巅峰，成为世界上最有价值的公司之一！

当乔布斯还是个小伙子，致力于研发 Apple Ⅰ 和 Apple Ⅱ 时，他去请教从英特尔退休的迈克·马库拉（Mike Markkula），一方面希望他投资自己的公司，另一方面想请教他创业的经验。马库拉见他后生可畏，印象深刻，长谈之后答应成为他的合伙人。他教导乔布斯要特别关注以下几点创业文化。

①创造持续价值而非财富。企业要创造对顾客、对社会都有价值的产品，

而不是一味地追求利润。

②去芜存菁。企业要为顾客创造使用价值，协助使用者发挥潜能。

③全力聚焦制造伟大产品。企业要制造精美无瑕、最高品质的产品。

④整体考量，全方位配合，以塑造产品的品位。

后来乔布斯所主导开发的苹果产品，都与以上四点密切相关。

1. 苦辣酸甜 12 年（1985—1997 年）

1985 年，乔布斯离开苹果电脑公司，卖掉所持公司股票（只剩 1 股），获得 1 亿美元左右的现金。乔布斯在苹果电脑公司时就已经有了开发一种高级个人计算机的想法，希望个人计算机能适用于科学研究或专业学术研究。离开苹果后，他决定去实现这个构想。他深入了解研究人员的需求，获知计算机要应用于科学研究，必须拥有更快的速度、更大的存储、更强的显示。诺贝尔奖得主、斯坦福大学的生物学家保罗·贝格（Paul Berg）对他说，这种计算机至少要达到"3M 需求"，即 1M RAM 的存储，1M 像素的显示器，每秒运算 1M 浮点的 CPU，才能够在复杂的学术研究上应用。这个领域是当时苹果计算机公司没有涉足的。乔布斯决定用自有资金去探索这个领域，这既符合他的愿景，也不违背商业道义。所以他决定携同 6 个忠心的技术人员一起离开苹果计算机公司，去开创新的事业。这引起公司高层的不满，乔布斯被控告违反商业规则。乔布斯回应道：笑话，一个拥有 4300 名员工、营收 20 亿美元的公司，害怕和 6 个穿牛仔裤的小伙子竞争吗[10]？

2. 从 NeXT 再出发

1985 年 9 月，乔布斯投入 700 万美元创立了 NeXT 公司，研发个人工作站计算机。他花费 10 万美元聘请专家设计标志、品牌、名称，力求完美。计算机的名字是"NeXT Computer"，它的主机是一个立方体（Cube）。他决定遵照一贯的原则，整合硬件和软件，以确保计算机的运行效率。为了配合这个硬件，他们开发了高层次的操作系统 NeXTStep。第一代产品于 1989 年发布，1990 年开始销售，售价为 9999 美元。这个价格显然过高，所以销售量甚少，当年的销售额仅为 2800 万美元。与制造同类型产品的太阳微系统公司（Sun Micro System）的营收 250 亿美元相比，实有天壤之别。由此，乔布斯发现了一个让他诧异的现实：科学家的计算机要高的性能，但也要低的价格。

为了公司的营运，乔布斯前期投入 2000 万美元，但是此笔资金很快"烧"完。公司业务不振，大家甚为焦急。幸好此时罗斯·佩罗（Ross Perot）投资了 2000 万美元购买 NeXT 公司 16% 的股份，使公司绝处逢生。佩罗给的不只是资金，也给了他们无比的信心，因为公司相当高的估值得到认同。接着日本佳能公司投资 1 亿美元购买了公司 16.67% 的股份，条件是它们可以使用 NeXTStep，并获得在日本的分销权。至此为止，NeXT 的估值已经翻了 6 倍。

此后的 NeXT Cube 和 NeXT Station 配备了 128M 储存量和 33 MHz 的摩托罗拉 68040 处理器，性能有了很大提升。1991 年 NeXT 售出 2 万台，1992 年总销售额为 1.2 亿美元。佳能追加投资 3000 万美元，以保持公司的资金流通。

NeXTStep 的软件应用非常成功。蒂姆·伯纳斯·李（Tim Berners-Lee）用它创建了第一个网页服务器，并在此基础上建立了举世闻名的万维网（World Wide Web，WWW）。

因为乔布斯坚持产品材料选择、加工程序和表面处理等细节都要尽善尽美，所以 NeXT 的硬件非常昂贵，结果就是成本与价格过高，导致研究人员望之却步，因此销售迟滞。但是公司需要生存，在这个前提下乔布斯极不情愿地在 1993 年退出硬件业务而专注于软件业务。公司更名为 NeXT 软件公司，并与太阳微系统公司合作创建 Open Step、Web Objects 和其他平台。虽然公司业务仍然低迷，但从此 NeXT 在高端软件方面，特别是在多功能、多媒介的网络应用上，独树一帜。

与此同时，苹果计算机公司市场高度萎缩。为了扩展业务，1996 年，苹果高层不得不转求 NeXTStep 软件的授权，开启了乔布斯重回苹果的机会。最后苹果公司以 4 亿美元购买 NeXT 公司，承接全体人员及技术。乔布斯将此回报与全体投资者分享。他本人则以董事长顾问身份重回苹果公司，但不领薪酬。

苹果公司使用 NeXTStep 和其衍生软件取代过时的 Mac 操作系统，重振苹果计算机的市场地位。

3. 开启 Pixar 新世界

从少年开始，乔布斯就喜爱音乐，特别钟情于鲍勃·迪伦（Bob Dylan）的音乐与理念。他醉心于将艺术与技术联系起来，打造一片新的天地。1985年离开苹果公司之后，乔布斯认识了一个小小的计算机动画制作公司——皮克斯（Pixar Animation Studio）。这个公司富有新颖的构想，它们的代表作是《星球大战》和《印第安纳琼斯》，但遭遇财务上的困境。乔布斯觉得如果有更好的软件和硬件产品，可以让它们发挥更多的创意，创造非凡的价值。乔布斯对这家公司产生了浓厚兴趣。他以 500 万美元购买公司技术权益，并另外投资 500 万美元重组公司。重组后，他拥有皮克斯 70% 的股份，其余的股份分配给 40 名联合创始人。其中的领导者包括卡姆尔（Ed Catmull）和拉塞特（John Lasseter）等，都是很有创意的艺术家，所以乔布斯请他们继续经营公司。

乔布斯经常到工作室与员工见面，就硬件、软件和内容交换意见，然而他并没有干预他们的创作过程。在这里，好莱坞文化和硅谷文化相互尊重，相得益彰。他每月在总部召开董事会会议，重点只讨论财务和战略。

虽然皮克斯公司的硬件和软件产品都因缺乏差异化或过于复杂而在市场上陷入困境，但是乔布斯对拉塞特领导的内容创作仍保持着热情和支持。他们的构想是把玩具当作一个个有感情、有愿望、有目的的个体看待。他们认为设计经典玩具的目的是给孩子玩，希望得到小孩子的喜欢，所以每个玩具都有喜、怒、哀、乐的变化。这就是影片《玩具总动员》剧本的起源。

皮克斯公司的资金很快消耗完，乔布斯投入了更多的资金（接近 5000 万美元），支持和鼓励这些艺术家去创作伟大的影片。

从策略方面考虑，乔布斯认为皮克斯需要一个有力的推广通道，最好的途径就是迪士尼。他去说服迪士尼公司的总裁，最后迪士尼同意提供 3000 万美元的经费用于制作及发行皮克斯产品，并约定所有收入的 15% 为皮克斯的酬劳，而迪士尼将拥有故事中所有玩具的人物品牌。这个条件皮克斯虽不满意但可接受。公司得到新力量的注入，制作的《玩具总动员》获得了 1996 年的奥斯卡金像奖。它上映的第一周就收回了 3000 万美元的制作成本。乔布斯很快启动了皮克斯上市计划，开盘价定为每股 19 美元，开盘后立刻飞涨，并以 39 美元收盘，可见投资者的热情。皮克斯在资本市场轰动一时，乔布斯因此获得了近 12 亿美元的回馈。

不久乔布斯与迪士尼重新谈判，协商双方未来平等拥有联合制作的品牌和所有权。此后皮克斯被迪士尼收购，乔布斯无意中成为迪士尼公司最大的个人股东，持股近 7%。

4.12 年的教训：NeXT 的艰苦经营

1985 年，乔布斯在沮丧和愤怒中离开了苹果公司，一方面觉得被背叛，另一方面亦庆幸从此可以自由自在地开始个人创业的生涯。然而在经营 NeXT 的过程中，他吃了许多苦头，体会到创业家的压力，亦吸取了许多教训。他花的是自己的钱，负全面成败的责任，这种个人独力承担的感觉是前所未有的。

（1）在营运策略方面

乔布斯决定把个人计算机和科学研究结合起来。他深刻体会到开发创新产品不但必须符合消费者的需求，而且要考虑到市场的接受能力，再好的产品亦必须具有价格方面的竞争力。面对 NeXT Cube 计算机大量滞销的现实，他决定调整策略，退出高端的个人工作站硬件市场，改以 NeXTStep 软件为发展的主轴，以此为基础加上无线通信、图形用户界面、多媒体、视讯管理等新技术，建立新的竞争优势。这和他前期在苹果公司所坚持的硬件与软件必须整合在一起发展的策略已经不同。若非如此，NeXTStep 亦不能引起苹果公司的关注及达成合作，而开启此后 20 年辉煌的契机。

（2）在尊重员工方面

乔布斯除了得到老战友的协助，又陆续聘任了许多计算机软件专家，组成一个强大的团队。他对团队极其尊重，衷心地把同事当作伙伴而非雇员。他灵活地调整组织结构，每半年做绩效评估并调整薪资，将医疗保险范围扩及员工的家属等。他请著名建筑师贝聿铭设计办公室，使公司有一个开放典雅的工作环境。

（3）在公司营运方面

为了降低成本，乔布斯采取"适时"的供应网，没有库存，随时盘点。

因为新环境的压力，他的心理负担极重，以前"扭曲现实"的待人方式没有根本改变，许多伤人的习惯依然故我。所不同的是，他已不事事自以为是，能较有耐心地听取不同的意见。

5.12 年的教训：皮克斯的异军突起

皮克斯可说是乔布斯的宠儿，因为在这里，他可以发挥一点艺术家的纯真思维，由专业团队去从事设计和实现。他强调艺术和技术的共同点和协同效应。他让艺术家明白借助技术可以增强他们的创造力，让技术人员明白艺术可以使他们和社会建立更广泛的联系。他知道自己的特殊作用是有效地将艺术和技术结合在一起。

他尊重皮克斯艺术团队的创作过程，不予干涉。与迪士尼谈判时，他有坚持也有弹性，尊重迪士尼的愿景。他只是说明，皮克斯可协助迪士尼达到愿景。他在和这个群体的交往中，没有把他们看作竞争对手，也没有只考虑自己个人的利益，而是设法让他们发现他可能提供的价值。

乔布斯专注于市场营销、战略和商务谈判。在与迪士尼的谈判中，他阐述共同愿景，亦确认迪士尼在娱乐界的领导地位。他能细心了解有关迪士尼前后两任总裁迈克·艾斯纳（Mike Eisner）和罗伯特·伊戈尔（Robert Igor）的个人性格及思考方式，耐心地等待达成协议的合适时机。

能够把握时机，是乔布斯的一项重要的才能。他充分利用自己的技术网络帮助谈判。他在《玩具总动员》得到奥斯卡金像奖的第二周让公司上市，就是把握时机——选择皮克斯在媒体上曝光最多的时候上市。这次成功的股票发行，不仅奠定了皮克斯的地位，为团队争取利益，无意中成为他个人财富最重要的来源。因为皮克斯的成功，他被公认为是一个能够创造伟大品牌及建立伟大公司的创业家。

6. 苹果公司再攀高峰

经过 12 年在苹果公司外的"流放"，他尝到了创业的艰辛，明白了选择策略和尊重团队的重要性，学会了虚心和不冒进。苹果公司董事会迫使原总裁阿梅里奥离职，但乔布斯却不愿意即刻继任总裁，因为他不确定是否能使公司摆脱濒临溃败的困境。他同意接受一个新的职位 iCEO，但不接受薪资。对于"i"的意义，很多人认为是 interim（暂时的）或 indefinite（无期限的）。究竟是什么含义，乔布斯自己始终没有说明。我个人认为最适合的解释应是 innovation（创新）。苹果公司此后 20 年中的重要创新，乔布斯可以说是最重要的原动力。虽然苹果公司的产品原创性不高，但是它能利用多种科技成果从事系统整合，不断成长，这实在是乔布斯的作用。乔布斯对市场观察敏锐，对策略能适时调整，能坚持也有弹性，这是他领导力的重要特色。

乔布斯在 2011 年病逝前对帮他写传记的沃尔特·艾萨克森说："我讨厌有些人自称为'创业家'，其实他们真正想要的是，筹组一家公司，然后把它出售或上市，这样他们就能套现赚钱，可以再去干别的事。他们不愿意建立一个真正的有持续贡献的企业——这是企业最困难的挑战。能够这样，才能继续人类先贤为人类所做出的贡献。建立的公司必须在未来一两代人的时间里屹立不倒。这就是迪士尼、惠普和英特尔的创始人所留下的典范：他们创立一家公司是为了永续，而不仅仅是为了赚钱。这就是我理想中的苹果公司的追求。"

7. 从中华创新文化看乔布斯的生涯浮沉

1985 年的乔布斯，正值而立之年，风华正茂、才华横溢、聪明过人，是一个全球驰名的创业家，但却被他自己创立的公司的董事会和诚心征聘的总裁解职，黯然离开。他的 4000 多名员工对他除了惋惜之外，没有其他支持的表示。这对他的自尊是一个莫大的打击。还好这时有 6 个从事计算机开发的专业人员认同开发个人工作站的远景，愿意和他一起出走。但是苹果计算机公司还不甘心，向法院提出诉讼，指控他背信，企图进行违反商业道义的竞争工作。

这些环境的重大改变使乔布斯痛定思痛，检讨过去的失误，重新出发。主要表现在以下几个方面。

第一，他认识到对团队要尊重。虽然乔布斯"扭曲现实"的作风不变，但是知道同人的感受后态度已略为温和，也知限度。他的同人比较了解他的性格，也敢据理力争，而他接受批评的次数亦比以前多。他主动视团队成员为伙伴，改良行政措施、工作环境、薪资福利等，使同人的需求向更高的层次发展。虽然不知道他是否熟知马斯洛的需求理论，但他所采取的这些管理措施与马斯洛的理论颇有契合之处。

第二，他能调整策略。以前乔布斯坚持硬件与软件同时整合，他对电脑硬件的要求几近完美，导致成本暴涨，产品价格失去竞争力。他最后从硬件市场撤退，集中开发软件（NeXTStep 及相关软件），形成竞争优势，这成为他此后成功的关键。

第三，他对财务的负责态度。苹果公司上市之后，所有的财务责任均由股东分摊。而 NeXT、皮克斯的主要资金则来自乔布斯个人，眼看血本无归的下场可能就会发生到自己身上，他不得不面对现实改变产品策略，同时以谦诚的态度欢迎新投资者。

第四，知人善任。乔布斯知道自己不是最好的软件工程师，亦没有艺术家的直觉。所以在 NeXT 和皮克斯，他的责任就是找到最好的专业人员，支持他们尽情发挥。在皮克斯公司，即使软硬件的营收都不理想，他仍然支持拉塞特的团队持续发展动画制作，甚至不惜冒着风险再次投资，使团队的创造力得以持续发挥。最后《玩具总动员》一炮而红，拿到奥斯卡奖，成为非常成功的艺术作品和商业产品。

总之，乔布斯 12 年的起落，正如老子所说的"祸兮福之所倚，福兮祸之所伏"。老子的先知，在乔布斯的创业生涯中得到了充分的验证。

参考文献

第一章

1. Lester Thurow. Head to Head: The Coming Economic Battle among Japan, Europe and America. New York, William Morrow & Co., 1992.

2. Paul A. Samuelson and W. D. Nordhaus. General Economics. New York: McGraw-Hill, 2004

3. Peter F. Drucker. Innovation and Entrepreneurship. New York: Harper and Row, 1985.

4. Michio Kaku. Vision: How Science Will Revolutionalize the 21st Century. New York: Anchor Books-Double Day, 1997.

5. Richard Feynman, Robert Leighton, Matthew Sands.The Feynman Lectureson Physics. Pasadena: California Institute of Technology, 1964.

6. J. Watson.DNA: The Secret of Life. New York: Random House, 2004.

7. Frank Collins.The Language of God: A Scientist Presents Evidence of Belief. New York: Free Press, 2006.

8. https://www.engineeringchallengs.org/challenges/medicine.aspx .2020-10-26.

9. Nicolas Valery. InnovationsandIndustry. London：The Economist, 1999.

10. 王世琦 . 父子双杰清华传承：徐贤修徐遐生两位校长的故事 . 新竹：清华大学 (新竹) 出版社 , 2012.

11. https://baike.baidu.com/item/ 都江堰 /12634169?fr=aladdin.

12. Joseph Needham.Science and Civilization in China. Vol.1-7. Cambridge: Cambridge University Press, 1954—2001.

13. David McCullough. The Wright Brothers. New York: Simon Schuster, 2015.

14. Charles Jacobs. Jonas Salk: A Life. Oxford: Oxford University Press, 2015.

15. Tim Berners-Lee. Long Live the Web.Scientific American, 2010.

16. J. A. Schumpeter. Competition, Socialism and Democracy. London: Rutledge, 1943.

第二章

1. 林垂宙. 创新四重奏：从实验室到市场. 上海：上海交通大学出版社，2014.

2. Joel Shirking. The Rise and Fall of William Shockley, Creator of Electronic Age. New York: Macmillan, 2006.

3. Lecuyer, C. Making Silicon Valley: Innovation and the Growth of HighTech, 1930—1970. Boston: The MIT Press, 2006.

第三章

1. 林垂宙. 创新四重奏：从实验室到市场. 上海：上海交通大学出版社, 2014.

2. 高希均, 李诚. 知识经济之路. 台北：天下远见出版公司, 2000.

3. 见 1.

4. Lee Chong-Moon, William Miller, Marguerite Gong Hancock and Henry S. Rowen.The Silicon Valley Edge: A Habitat for Innovation and Entrepreneurship. Stanford: Stanford University Press, 2000.

5. Annalee Saxenian. Networks of Immigrant Entrepreneurs. in 4.

6. 高希均, 李诚. 台湾经验再定位. 台北：天下文化出版社, 1995.

7. http://topuniversityranking.com

8. John A. Douglass, C.Judson King and Irwin Fuller. Globalization's Muse: Universities and Higher Education in a Changing World. Berkeley: Berkeley Policy Press, 2009.

9. Venkatesh Narayanamurti and Toluwalogo Odomosu. Cycles of Innovation and Discovery: Rethinking the Endless Frontiers. Harvard University Press: Cambridge, 2016.

10. https://en.m.wikipedia.org/wiki/Federally_funded_research_and_development_centers.

11. Walter Isaacson. Steve Jobs. Simon Schuster: New York, 2011.

12. 蔡庆华. 中国高铁从这里开始：京沪高速铁路的前前后后. 北京：中国铁道出版社有限公司, 2019.

13. 王鹏翔. 中国高铁技术创新与发展. A Seminar at the Wu Center of Advanced Manufacturing, University of Michigan, Ann Arbor, MI, April 26, 2019.

14. 赵国堂 . 中国京沪高铁之科技创新 . 第一届高速轨道交通科技研讨会主题报告 .

15. https://en.m.wikipedia/wiki/High_speed_rail_in_China.

16 A Report on Beijing-Shanghai High Speed Rail. Asia Development Bank, 2016.

17. Otto C.C.Lin.Innovation and Entrepreneurship: Choice and Challenge. Singapore: World Scientific Publisher, 2018.

第四章

1. 吴家玮 . 同创：香港科技大学成立的故事 . 深圳：海天出版社 , 2014.

2. Otto Lin.The Nansha IT Park Development for Hong Kong and Pearl River Delta Otto Lin, K. L. Wang and K. C. Chan, The HKUST Forum on the Future Economical Development of Hong Kong. HKUST, 2002(5-6).

3. J.Magretta.Why Business Model Matter.Harvard Business Review, 2002,5.

4. Martin Geissdoerfer, Paulo Savaget, Steve Evans.The Cambridge Business Model Innovation Process. Procedia Manufacturing, 2017,8.

5. Linda Pinson. Anatomy of a Business Plan: A Step by Step Guide to Building a Business and Securing Your Company's Future. 6th Edition, Chicago: Dearborn Trade, 2004.

6. https://en.m.wikipedia.org/wiki/McDonald%27s.

7. Steve Hamm , William C. Symonds.Kodak: Mistakes Made on the Road to Innovation. Bloomberg, 2007.

8. Otto C. C. Lin. Innovation and Entrepreneurship: Choice and Challenge. Singapore: World Scientific Publisher, 2018, Chapter 22.

9. http://www.ardentec.com.

第五章

1. Susan Strasser.What's in your Microwave Oven? New York Times, April15, 2017.

2. https://en.m.wikipedia.org/wiki/Microwave_oven.

3. https://en.m.wikipedia.org/wiki/Artificial_leather.

4. 林垂宙 . 创新四重奏：从实验室到市场 . 上海：上海交通大学出版社 , 2014.

5. https://en.m.wikipedia.org/wiki/Apple_Inc.

6. Walter Isaacson.Steve Jobs. New York: Simon Schuster, 2011.

第六章

1. Albert Humphrey. SWOT Analysis for Management Consulting. SRI Alumni Newsletter, SR International: Palo Alto, 2005.

2. 林垂宙. 创新四重奏：从实验室到市场. 上海：上海交通大学出版社，2014.

3. Michael Porter.Competitive Strategy: Techniques for Analyzing Industries and Competitors. New York : Free Press,1980.

4. Michael E. Porter.The Five Competitive Forces that Shaped Strategy. Harvard Business Review, 2008, 86(1).

5. N. Nahria, A. J. Mayo, and M. Benson. GE's 20th Century CEOs. Harvard Business School Case Study 9-406-048, Revised, April 8, 2011.

6. Christopher A. Bartlett, Meg Wozny, GE's Two Decades Transformation: Jack Welch's Leadership. Harvard Business School Case Study, 9-399-150, Revised, 2005-05-03.

7. GE Flashforward. Harvard Business School Review. 6062., 2018-03-22.

8. Rajesh Kumar Singh, A. Ganapavavran. GE, An Industrial Conglomerate Pioneer, to Break Up. Reuters: November 10, 2021.

第七章

1. Andrew S. Grove.Only the Paranoid Survive. New York: Double Day, 1996.

2. https://en.m.wikipedia.org/wiki/Cloud_computing.

3. Amazon Web Services. https://aws.amazon.com/What_is_cloud_computing.

4. Margaret Rouse. Interne of Things –IoT. IoT Agenda, February 2019.

5. https://en.m.wikipedia.org/wiki/E-commerce.

6. https://companiesmarketcap.com/.

7. Michael S. Malone. Bill and Dave: How Hewlett and Packard Built the World's Greatest Company. New York: Portfolio, 2007.

8. https://en.m.wikipedia.org/wiki/Hewlett_Packard.

9. https://en.m.wikipedia.org/wiki/Carly_Fiorina.

10. Yukari Iwatani.Pioneering Firm Bows to Post-PC World. The Wall Street Journal. August 18, 2011.

11. Barb Darrow.Bye-Bye HP, it's the end of an era. Fortune Magazine,October 30,2015.

第八章

1. 出其不意 , 攻新为上：日本企业的孙子兵法 . 台北：天下文化出版社，1986.

2. Joseph S. Nye, Jr.. Soft Power: The Means to Success in World Politics. New York: Public Affairs, 2004.

3. 王力行 . 赢在软实力：华人企业领袖的二十堂课 . 台北：天下文化出版社，2009.

4. https://en.m.wikipedia.org/wiki/General_Motors_ignition_switch_recalls.

5. https://en.m.wikipedia.org/wiki/Volkswagen_emissions_scandal.

第九章

1. William D. Hitt. The Leader-Manager: Guidelines for Action. Battelle Press: Columbus, 1988.

2. Tom Peters. A Brief History of the 7-S (McKinsey 7-S) Model, https://tompeters.com/2011/03/a-brief-history-of-the-7-s-mckinsey-7-s-model.

3. F. W. Taylors. The Principles of Scientific Management, with a New Introduction. New York: Dover Books,1998.

4. E. Mayo. The Social Problems of an Industrial Civilization. London: Rutledge, 1949.

5. Mary Walton. The Deming Management Method. New York: Dood, Mead and Co., 1989.

6. Douglas McGregor. The Human Side of Enterprise, New York: McGraw-Hill, 1960.

7. Gary Heil, Warren Bennis and Deborah Stephens. Doulas McGregor Revisited. New York: Wiley, 2000.

8. A. H. Maslow, with Deborah C. Stephens and Gary Heil. Maslowon Management. New York: Wiley, 1998.

9. P. F. Drucker. The Essential Drucker. Oxford: Butterworth Heinemann, 2001.

10. P. F. Drucker, and J. A. Maciarello. The Effective Executive in Action. London: Harper Business, 2006.

11. E. De Bono. LaterL Thinking on Management. London: Penguin,1971.

12. E. De Bono. Teach Yourself to Think. London: Penguin,1995.

13 Tom Peters and R. H. Waterman, Jr. In Search of Excellence. New York and London:Harper and Row,1982.

14. Michael Porter. The Five Competitor Forces That Shaped Strategy, Cambridge: Harvard Business, 2008.

15. Carol Kennedy. Guide to the Management Gurus: The Best Guide to Business Thinkers, Random House: London, 2007.

16. Walter Isaacson. Steve Jobs, New York: Simon Schuster, 2011.

17. 林垂宙 . 创新四重奏：从实验室到市场 . 上海：上海交通大学出版社，2014.

第十章

1. James C. Collins. How the Mighty Fall: And Why Some Companies Never Give In. New York: William Collins,2009.

2. https://en.wikipedia.org/wiki/Xerox.

3. Cyrus Farivar. Fujifilm Acquires Xerox for $6.1 Billion. ARS Technica, 2018-02-01.

4. https:// en.m.wikipedia.org/wiki/Boeing.

5. https://en.m.wikipedia.org/wiki/Reactions_to_ Boeing_737_max_grounding.

6. https://en.m.wikipedia.org/wiki/Carlos_Ghosn.

7. The Associated Press. Strong Global Sales Boosts Nissan's Profit. NBC News, 2005-10-28.

8. Bill Snyder. Carlos Ghosn: Five Percent of the Challenge is the Strategy, Ninety-five Percent is the Execution. Stanford Graduate School of Business, 2014.

9. Ben Dooley and Michael Corkery. Carlos Ghosn Defends His Legacy. The New York Times, 2020-01-08, 2020-02-12.

10. Frank Rose. The End of Innocence: What Happened After Apple Fired Steve Jobs. WIRED, 2011-08-24.

后 记

用中文写一本创新创业文化专题作品的构思，在我脑海中孵化多时，可一直等到 2018 年秋天才落实。南方科技大学（以下简称南科大）创新创业学院院长刘科院士邀请我在"创新创业大讲堂"上做了两次演讲，介绍硅谷、新竹等地的许多人、物、事，但总觉得意犹未尽。他鼓励我尽快开始写作，并答应学院将提供资源协助。毕竟南科大以促进创知、创新、创业为目标，所以我首先要感谢刘科院长的鼓励。期间我到香港浸会大学任职。卫炳江校长虑远思深，支持我的写作，亦给予很多支持。在此，我要向卫校长由衷地表示感谢。

2019 年 3 月，南科大的"未来企业领袖培养计划"（iLEAP）第一期开幕，我有幸和这期学员见面。他们都是负重要责任、有独立思考的中小企业领导及创业者。本书的部分章节是我上课的资料，他们反应热烈，给我很大的鼓舞。原先预备把十章中的大部分内容放在适当的教学模块里讨论，可惜新冠肺炎疫情来袭，最终能在课上讲的大概只有一半内容。然而我要向同学们致谢，他们参与了这个创新的过程。掌理 iLEAP 项目的吴蓓老师对这本书的文字图表进行协助推敲，遣词达意，不辞辛劳，是我写作耕耘过程中最大的助力。

世事无常，在这本书出版过程中新冠肺炎疫情肆虐，种种变化交互影响，把原来的计划打乱，内容需要多次修改才能赶上变化，所以出版的时程受到了若干挫折。好在后因吴蓓、尹铭驿两位的努力，和清华大学出版社结为伙伴，做了新的安排。因此我特别要向尹、吴两位和清华大学出版社致意，感谢他们的尽心尽力，使此书得以面世。期间，香港浸会大学知识转移中心陈庆忠主任及校长办公室陈凤鸣女士的鼓励和协助亦弥平了许多挫折感，在此一并致谢。